KB260159

분야별 중국어 단어

편집부 編 / 허경 監修

정진출판사

일러두기

어느 나라의 말이든 외국어를 배우는 데 있어서 학습자가 경험하게 되는 복병 중의 하나가 바로 어휘력의 부족일 것입니다. 문법이든, 독해든, 회화든 외국어를 잘하기 위해서는 무엇보다 먼저 기초적인 단어 실력을 튼튼히 해놓아야 함은 말할 나위도 없을 것입니다. 이 책은 언제 어디서 중국인을 만나더라도 초ㆍ중급 수준의 독자가 의사소통을 할 수 있도록 약 3,000여 개의 단어와 기본문장을 분야별로 수록하였습니다. 이 책의 전체 구성은 다음과 같습니다.

제1부 중국어를 이해하기 위한 기초지식
제2부 일상생활 관련 어휘
제3부 경제ㆍ비즈니스 관련 어휘
제4부 중국 관광시 필요한 어휘
제5부 문장표현과 기타 어휘

전문적인 분야에 관해 공부하려 한다면 이 책에 나와 있는 것만으로는 부족하겠지만 중국어의 기초를 갖춘 상태에서 좀더 많은 어휘를 접하고자 하는 학습자들에게는 상당히 유용할 것이라 생각됩니다.

이 책은 또한 언제 어디서나 공부할 수 있도록 휴대가 편한 크기로 제작되었습니다. 아무쪼록 이 책이 여러분의 중국어 실력향상에 많은 도움이 되었으면 하는 마음 간절합니다.

차 례

차 례

<table>
<tr><td>제5부</td><td>문장표현과 기타 어휘</td></tr>
</table>

중국어를 이해하기 위한 기초지식

■중국어의 발음
1. 중국어의 특성
2. 중국어의 발음부호와 읽는 법
3. 중국어의 성조

1

중국어의 특성

중국에는 한민족(漢民族) 외에 55여 개의 소수민족이 생활하고 있다. 한민족은 12억에 이르는 중국 총인구의 94%를 차지하고 있다. 중국어에서는 중국어를 한민족의 언어라는 뜻으로 '漢語[Hànyǔ]'라고 한다. 한어(漢語) 외에 '中國話[Zhōngguóhuà]' 또는 '中文[Zhōngwén]'이라고도 하지만, 엄밀히 말하면 '漢語'가 가장 알맞는 말이다. 한어는 세계에서 사용 인구가 가장 많은 언어로 국가간에 공용어로 쓰고 있다.

중국어의 특성은 일반적으로 다음 4가지로 설명된다.

1 단음절성(單音節性)

중국어를 표기하는 한자는 한 개의 글자가 하나의 음절[一字一音]로 되어 있으며 또 글자마다 의미를 지닌다. 다시 말해서 글자 하나가 하나의 낱말이 되는데 이를 단음절사(單音節詞)라고 한다.

花 [huā 화]　꽃
山 [shān 샨]　산
天 [tiān 티엔]　하늘

그러나 현대 중국어에서는 '桌子(탁자)', '电话(전화)' 등과 같이 점차 다음절화(多音節化)되는 추세에 있다. 하지만 아직도 다른 언어에 비하면 단음절성이 두드러진다고 할 수 있다.

2 고립성(孤立性)

중국어는 우리말이나 영어와는 달리 인칭과 시제에 따라 한자 자체에 변화를 일으키는 일이 없다. 즉, 영어의 'go'는 주어가 바뀜에 따라 'go, goes'로, 시제에 따라 'go, went, goen'으로 모양이 변화된다. 또 우리말의 '가다'도 '가니, 가고, 가서, 가면' 등으로 어미가 활용된다. 그러나 중국어는 주어나 시제에 관계없이 언제나 '去'라는 한 글자로 사용된다. 또 중국어에는 '~은, ~는, ~을, ~를'과 같은 조사가 없으며, 다만 어순(語順)에 의해서 문법적인 관계를 나타낸다.

3 성조(聲調)

중국어는 단음절 원칙 이외에도 글자마다 고유의 성조를 지니고 있다. 똑같은 음절이라도 소리의 높낮이와 장단에 따라 의미가 달라진다. 현대 중국어에서는 성조를 크게 4가지, 즉 제1성 · 제2성 · 제3성 · 제4성으로 나뉘는데, 이것을 사성(四聲)이라고 한다.

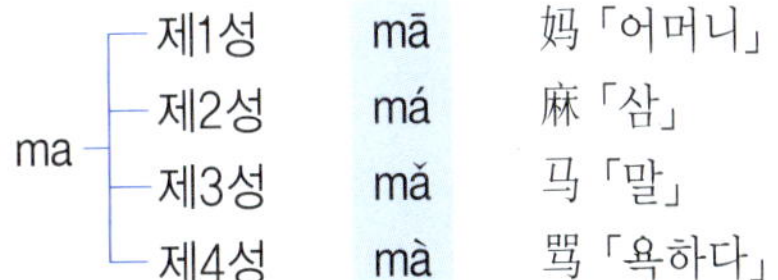

위와 같이 성조는 같은 음절에 작용하여 뜻의 차이를 주고 있다. 성조는 뒤에서 더욱 자세히 다루겠지만 중국어 학습에 있어서 절대로 소홀히 다루어서는 안될 중요한 요소이다.

④ 방언(方言)

한어(漢語)에는 방언이 많은데 크게 나누어 7개의 방언으로 분류된다. 그중에서 가장 많이 쓰이고 있는 것이 '북경어(北京語)'와 '광동어(廣東語)'인데, 두 사람의 중국인이 서로서로 북경어와 광동어로 말한다면, 상호간에 완전하게 뜻을 전달할 수가 없다. 그래서 오늘날에는 '普通話[pǔtōnghuà]' 라고 불리는 공통의 언어가 사용되고 있다. 공통어[普通話]는 북방 방언을 기초로 하고, 북경어의 발음을 표준음으로 하고 있다. 우리가 배우게 될 중국어도 이 普通話이다.

2

중국어의 발음부호와 읽는 법

자 음				모 음	
한어병음	읽기	한어병음	읽기	한어병음	읽기
b	뽀어	sh	스	a	아
p	포어	r	르	o	오
m	모어	z	쯔	e	어
f	포어	c	츠	ê	에
d	뜨어	s	쓰	ai	아이
t	트어			ei	에이
n	느어			ao	아오
l	러어			ou	오우
g	끄어			an	안
k	크어			en	언
h	흐어			ang	앙
j	지			eng	엉
q	치			er	얼
x	시			yi	이
zh	즈			wu	우
ch	츠			yu	위

[주요 표음방법의 자모(字母) 대조표]

중국어는 표의문자(表意文字)이기 때문에 글자만을 보아서는 그 발음이 어떤지를 알 수 없다. 따라서 중국에서는 예로부터 발음을 표시하는 방법을 여러가지로 고안해서 써 왔다. 그중에서도 대표적인 것으로는 한어병음법과 주음부호가 있는데 오늘날에 가장 많이 쓰고 있는 것은 한어병음법이다. 한어병음법은 한자의 발음을 로마자로 음을 달고 그 위에 사성부호를 덧붙이는 방식이다.

주음부호는 한자의 형(形)을 부호화해서 만든 것으로, 현재 대만에서 사용하고 있으나, 이 책에서는 중국 본토의 한어병음법으로 표기했다.

중국어는 또한 한자 하나의 발음이 반드시 하나만 있지 않다. 우리말의 快樂(쾌락), 音樂(음악)의 樂(락, 악)과 같이 중국어로도 快乐은 kuàilè, 音乐은 yīnyuè이다.

중국어의 발음은 크게 자음(성모라고도 함)과 모음(운모라고도 함)으로 이루어져 있다.

① 자음(子音 ; 성모)

b [뻐]	p [프]	m [ㅁ]	f [프]
d [뜨]	t [트]	n [ㄴ]	l [ㄹ]
g [ㄱ]	k [ㅋ]	h [ㅎ]	
j [ㅈ]	q [츠]	x [ㅅ]	
zh [즈]	ch [츠]	sh [스]	r [르]
z [쯔]	c [츠]	s [쓰]	

위에서 소개한 자음 중 zh, ch, sh, r, z, c, s를 제외하고는 단음으로, 즉 독립적으로 음을 나타낼 수 없으며 반드시 모음 앞에서 첫음만 낸다.

zh, ch, sh, r, z, c, s가 독립적으로 음을 표기할 때에는 뒤에 반드시 [i]를 붙여야 한다(zhi, chi, shi, ri, zi, ci, si). 또한 j, q, x는 모음[u]와 결합할 수 없다. 따라서 ju, qu, xu와 같은 발음은 [ü]의 두 점이 생략된 것이다.

2 모음(母音 ; 운모)

a [아]	o [오]	e [어/에]	ê [에]
ai [아이]	ei [에이]	ao [아오]	ou [오우]
an [안]	en [언]	ang [앙]	eng [엉]
er [얼]			
i [이]	u [우]		ü [위]

모음 중에서 'i, u, ü'는 다른 모음과 합쳐져서 복모음이 된다. 앞에서 이야기한 바와 같이 자음 b에서부터 x까지는 단독으로 음을 낼 수 없으므로 반드시 모음 혹은 복모음에 붙어 음을 낸다. 예를 들어, m은 'ㅁ'의 첫음이므로 모음 a를 붙여 읽으면 '마'라는 음이 되고, 복모음 ing을 붙여 읽으면 '밍'이라는 음이 된다.

단, i, u, ü와 결합된 복모음이 자음 없이 단독으로 음절을 구성할 때 i는 y로, u는 w로, ü는 yu로 표기한다.

iao→yao   uai→wai   üan→yuan

3

중국어의 성조

성조(聲調)는 앞에서도 약간 언급한 바 있지만 소리의 높낮이라고 말할 수 있는데, 중국어 학습에 있어서 절대로 소홀히 해서는 안 될 중요한 요소이다. 중국어에는 같은 음절의 한자가 상당히 많지만, 한자는 각기 자신의 독특한 성조를 지니고 있으므로 같은 음절이라 할지라도 성조에 따라 뜻이나 한자가 달라지기 때문이다.

흔히들 중국어의 성조는 4성으로 나누어진다고 하나 좀더 자세히 나누면 6가지 기본 성조가 있다(감정과 억양의 성분은 제외).

4성이란 중국어의 제1성·제2성·제3성·제4성을 말하고, 6성이라 함은 4성에 반3성(半三聲)과 경성(輕聲)을 더한 것이다.

그럼 도표를 통해 자세히 알아보도록 하자.

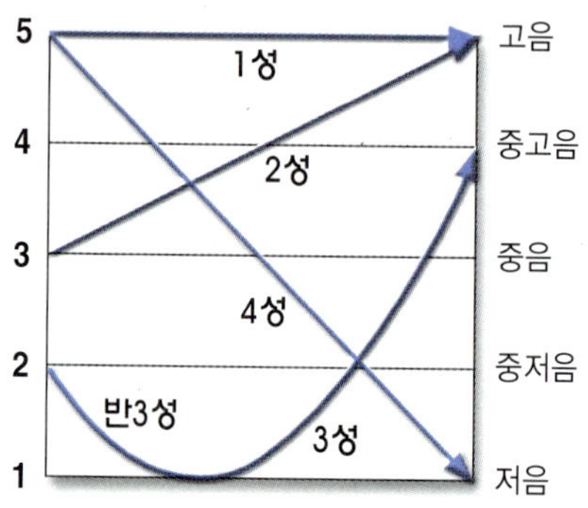

1 제1성

고음에서 시작하여 같은 높이로 발음하는 성조로 표기
는 '-'이다. 우리 음 '솔'에 해당하는 음으로 가장 길고
높은 소리이다.

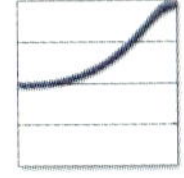

bēi　　chī　　zhōng　　cā　　xiū

2 제2성

중음에서 시작하여 고음을 향해 올리는 성조로 표기는
'ˊ'이다. 잘 알아듣지 못했거나 의아한 것을 반문할 때
내는 '네에~?'와 비슷한 음가이다.

lái　　lín　　xué　　hé　　qíng

3 제3성

중저음에서 시작하여 저음으로 내린 다음 다시 올리는
성조로 표기는 'ˇ'이다. 가장 낮은 소리로 보면 된다.

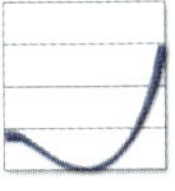

wǒ　　xiǎo　　lěng　　jǐ　　zǒng

4 제4성

고음에서 시작하여 급격히 가장 낮은 음으로 내리는
성조로 표기는 'ˋ'이다. 기합을 넣을 때 '얍!' 하는 소
리나 화가 잔뜩 나서 상대방을 '야!' 하고 부르는 소리

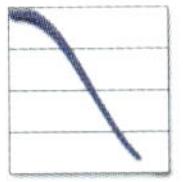

와 비슷하다.

> xìn   kuài   shuì   diào   sòng

5 성조의 변화

① 우리가 제일 많이 볼 수 있는 성조의 변화는 제3성이다. 3성에 해당하는 글자 뒤에 3성이 아닌 다른 글자가 있어 같이 이어서 발음할 때, 3성 성조의 앞부분, 즉 내리는 부분만 음을 내는 **반3성**으로 읽는다.

> wǒ lái   nǐ kàn   lěng qì   qǐng tā

3성음의 또 한 가지 변화는 앞뒤 2개의 3성 글자를 같이 이어서 발음할 때, 앞에 있는 3성은 2성으로 발음한다.

> wǒ lěng   nǐ děng   kǒng zǐ   zǒng tǒng

표기 wǒ lěng → 실제 발음 wó lěng

[앞 음절을 제2성으로 읽어야 된다.]

② '不 bù'는 본래 4성인데 뒤에 4성 음절이 이어지면 2성으로 변한다.

不是 bù shì ⟶ 不是 bú shì

[bù를 제2성으로 읽어야 된다.]

③ '一 yī'는 본래 1성인데 다른 음절이 이어지면 성조가 변한다.
뒤에 1성, 2성, 3성이 이어지면 4성으로 변하고, 뒤에 4성이 이
어지면 2성으로 변한다.

一下 yī xià   一下 yí xià

[yī를 제2성으로 읽어야 된다.]

一起 yī qǐ   一起 yì qǐ

[yī를 제4성으로 읽어야 된다.]

6 경성(輕聲)

두 음절 이상의 단어 중에서 마지막 음절은 종종 본래의 성조를
잃고 가볍게 발음(중음 정도)되는 경우가 있는데, 이것을 경성이라
고 하며, 일반적으로 부호는 붙이지 않는다.

ér zi   tài tai   zěn me   chī ba

7 성조기호를 붙이는 위치

성조를 나타내는 기호를 성조기호라고 하는데, 성조기호는 모두
모음 위에 붙이시만, 중국어 기본 모음 외에 'ao, iao'와 같이 두 개
이상의 모음의 경우, 성조기호는 아무 곳에나 붙이는 것이 아니라
다음의 원칙을 따르고 있다.

① 모음이 한 개인 경우에는 그 모음 위에 붙인다.

nà   wǒ   mǎ

② 모음이 2개 이상인 경우에는
- 'a'가 있으면 'a'의 위에 붙인다.
  diào   lái   kuài

- 'a'가 없으면 'o'나 'e'의 위에 붙인다.
  shéi   qióng   yuè

- 'iu, ui'는 뒤의 모음 위에 붙인다.
  guì   jiù   suì

③ 'i'에 성조기호를 붙이는 경우에는 'í'와 같이 '•'을 생략한다.

제 2 부

일상생활 관련 어휘

(1) 일상 인사말

☑ 인사
问好
wèn hǎo
원 하오

☑ 네, 그렇습니다.
是的。
Shìde.
스더

☑ 아니오.
不是。
Bú shì.
부스

☑ 안녕하세요.(아침)
早上好!
Zǎoshang hǎo!
자오상 하오

你早!
Nǐ zǎo!
니 자오

您早!
Nín zǎo!
닌 자오

☑ 안녕하세요.
你好!
Nǐ hǎo!
니 하오

☑ 안녕하세요.(저녁)
晚上好!
Wǎnshang hǎo!
완상 하오

☑ 안녕히 주무세요.
晚安!
Wǎn'ān!
완 안

☑ 오래간만이군요.
好久不见了。
Hǎojiǔ bújiàn le.
하오지우 부지엔 러

☑ 건강하세요?
你身体怎么样?
Nǐ shēntǐ zěnmeyàng?
니 션티 쩐머양

你身体好吗?
Nǐ shēntǐ hǎo ma?
니 션티 하오 마

▱ 덕분에 건강합니다.

托你的福, 我身体很好。
Tuō nǐ de fú, wǒ shēntǐ hěn hǎo.
투오 니 더 푸, 워 션티 헌 하오

▱ 일은 어떻습니까?

你工作怎么样?   니 꽁쭈오 쩐머양
Nǐ gōngzuò zěnmeyàng?

▱ 그럭저럭 하고 있습니다.

我工作还好。   워 꽁쭈오 하이 하오
Wǒ gōngzuò hái hǎo.

▱ 그저 그래요, 무난합니다.

还可以。   하이 커이
Hái kěyǐ.

▱ 안부를 전해 주세요.

请代我问好。   칭 따이 워 원 하오
Qǐng dài wǒ wèn hǎo.

▱ 또 봐요!
  (헤어질 때 인사)

再见!   짜이 지엔
Zài jiàn!

▱ 다녀왔습니다.
  (귀가했을 때 인사)

我回来了。   워 훼이라이 러
Wǒ huílái le.

▱ 다녀오셨어요?
  (돌아온 사람에게)

你回来了?   니 훼이라이 러
Nǐ huílái le?

(2) 소개

▱ 만나 뵙다

拜见   빠이지엔
bàijiàn.

☑ 소개하다	**介绍** jièshào	찌에샤오
☑ 악수하다	**握手** wòshǒu	워쇼우
☑ 이름	**名字** míngzi	밍즈
☑ 김 씨를 소개하겠습니다.	**我来介绍一下金先生。** Wǒ lái jièshào yíxià Jīn xiānsheng. 워 라이 지에샤오 이샤 찐 시엔성	
☑ 처음 뵙겠습니다, 많이 도와주세요.	**初次见面, 请多关照。** Chūcì jiànmiàn, qǐng duō guānzhào. 추츠 지엔미엔, 칭 뚜오 꾸안쟈오	
☑ 당신의 이름은 무엇입니까?	Nín jiào shénme míngzi? 닌 쟈오 션머 밍즈	
☑ 제 성은 김입니다.	**我姓金。** Wǒ xìng Jīn.	워 씽 찐
☑ 뵙게 되어 반갑습니다.	**很高兴见到您。** Hěn gāoxìng jiàndào nín.	헌 까오싱 지엔따오 닌

(3) 방문 · 초대

☑ 뜻밖의	**没想到** Méi xiǎngdào	메이 샹따오
☑ 마중나가다	**出去接客人** chūqù jiē kèrén	추취 지에 커런

☑ 방문(하다)   **拜访** 빠이팡
bàifǎng

☑ 사양   **客气** 커치
kèqi

☑ 손님을 맞이하다   **接客人** 지에 커런
jiē kèrén

☑ 여쭙다   **请教** 칭 쟈오
qǐng jiāo

☑ 연회   **宴会** 옌훼이
yànhuì

☑ 접대하다, 대접하다   **招待** 쟈오따이
zhāodài

☑ 찾아뵙다   **去看您** 취 칸 닌
qù kàn nín

☑ 초대하다, 요청하다   **邀请** 야오칭
yāoqǐng

☑ 찾아뵙고 싶습니다.   **我想去看您。** 워 샹 취 칸 닌
Wǒ xiǎng qù kàn nín.

☑ 사양 말고 드세요.   **请随便用。** 칭 쒜이비엔 용
Qǐng suíbiàn yòng.

☑ 저희 집에 놀러오세요.   **请来我家坐坐。** 칭 라이 워 쟈 쭈오쭈오
Qǐng lái wǒ jiā zuòzuo.

☑ 어서 오세요.   **欢迎您来。** 환잉 닌 라이
Huānyíng nín lái.

☑ 자, 편히 앉으세요.   **来，请随便坐。** 라이, 칭 쒜이비엔 쭈오
Lái, qǐng suíbiàn zuò.

☑ 잘 먹었습니다.   **谢谢，我吃好了。** 씨에시에, 워 츠 하오 러
Xièxie, wǒ chī hǎo le.

☑ 고맙습니다, 사양하지 않겠습니다.

谢谢, 我不客气了。 씨에시에, 워 부 커치 러
Xièxie, wǒ bú kèqi le.

☑ 초대해 주셔서 감사합니다.

谢谢您的邀请。 씨에시에 닌 더 야오칭
Xièxie nín de yāoqǐng.

☑ 작은 성의입니다, 받아주십시오.

小小心意, 请您收下。
Xiǎoxiǎo xīnyì, qǐng nín shōuxià.
샤오샤오 씬이, 칭 닌 쇼우샤

(4) 헤어짐

☑ 전송하다

送客人 쏭 커런
sòng kèrén

☑ 또 만납시다.

再会。 짜이 훼이
Zài huì.

☑ 내일 뵙겠습니다.

明天见。 밍티엔 지엔
Míngtiān jiàn.

☑ 또 오세요.

请再来。 칭 짜이 라이
Qǐng zài lái.

☑ 먼저 실례하겠습니다.

我先失陪了。 워 시엔 스페일-러
Wǒ xiān shīpéi le.

☑ 시간이 되었으니 슬슬 가보겠습니다.

时间不早了, 我该走了。
Shíjiān bù zǎo le, wǒ gāi zǒu le.
스지엔 뿌 자오 러, 워 까이 조우 러

☑ 이만 실례하겠습니다.

我该告辞了。 워 까이 까오츠 러
Wǒ gāi gàocí le.

☑ 연락 주십시오.	**请给我回音。** Qǐng gěi wǒ huíyīn.	칭 게이 워 훼이인
☑ 가까운 시일 내에 또 뵙고 싶습니다.	**我想很快再见到你。** Wǒ xiǎng hěn kuài zài jiàndào nǐ.	워 샹 헌 콰이 짜이 지엔따오 니

(5) 감사

☑ 감사	**感谢** gǎnxiè	간씨에
☑ 도움, 신세	**帮助** bāngzhù	빵주
☑ 고마워.	**谢谢。** Xièxie.	씨에시에
☑ 감사합니다.	**谢谢你。** Xièxie nǐ.	씨에시에 니
☑ 수고하셨습니다.	**辛苦了。** Xīnkǔ le.	씬쿠 러
☑ 수고하십니다.	**很辛苦啊** Hěn xīnkǔ a.	헌 씬쿠 아
☑ 신세졌습니다.	**谢谢你的帮助。** Xièxie nǐ de bāngzhù.	씨에시에 니 더 빵주
☑ 정말 도움이 되었습니다.	**真的很有帮助。** Zhēnde hěn yǒu bāngzhù.	쩐더 헌 요우 빵주
☑ 천만에요.	**不要客气。** Bú yào kèqi.	부 야오 커치

▨ 당연한 일을 한 것뿐 입니다.

只是做了应该做的事儿而已。
Zhǐshì zuò le yīnggāi zuò de shìr éryǐ.
즈스 쭈오 러 잉가이 쭈오 더 슬 얼이

(6) 사과

▨ 사과하다

道歉　　　　　　　따오치엔
dàoqiàn

▨ 기다리게 해서 죄송합 니다.

对不起, 让你久等了。
Duìbuqǐ, ràng nǐ jiǔ děng le.
뛔이부치, 랑 니 지우 덩 러

▨ 늦어서 미안합니다.

对不起, 我来晚了。
Duìbuqǐ, wǒ lái wǎn le.
뛔이부치, 워 라이 완 러

▨ 죄송합니다.

很抱歉。　　　　　헌 빠오치엔
Hěn bàoqiàn.

▨ 용서하십시오.

请原谅。　　　　　칭 위엔량
Qǐng yuánliàng.

▨ 이것저것 무리한 부탁 을 해서 죄송합니다.

很抱歉麻烦您做这么多事。
Hěn bàoqiàn máfan nín zuò zhème duō shì.
헌 빠오치엔 마판 닌 쭈오 쩌머 뚜오 스

▨ 폐를 끼쳐드려 죄송합 니다.

很抱歉麻烦您。　헌 빠오치엔 마판 닌
Hěn bàoqiàn máfan nín.

(7) 축하 · 애도

☑ 생일 　　生日　　　　　　성르
　　　　　　shēngrì

☑ 축하 　　祝贺　　　　　　쭈허
　　　　　　zhùhè

☑ 새해 복 많이 받으세요. 　祝你新年快乐!　쭈 니 씬니엔 콰이러
　　　　　　Zhù nǐ xīnnián kuàilè!

☑ 생일 축하합니다. 　祝你生日快乐!　쭈 니 셩르 콰이러
　　　　　　Zhù nǐ shēngrì kuàilè!

☑ 진심으로 축하드려요. 　真的恭喜你。　쩐더 꽁씨 니
　　　　　　Zhēnde gōngxǐ nǐ.

☑ 그것 다행입니다. 　真是很幸运。　쩐스 헌 씽윈
　　　　　　Zhēnshì hěn xìngyùn.

☑ 그것 잘되었군요. 　那太好了。　나 타이 하오 러
　　　　　　Nà tài hǎo le.

☑ 그것 안되었군요. 　那太可惜了。　나 타이 커씨 러
　　　　　　Nà tài kěxī le.

☑ 그것 정말 유감이군요. 　真是很遗憾。　쩐스 헌 이한
　　　　　　Zhēnshì hěn yíhàn.

☑ 안되었군요. 　很可惜　헌 커씨
　　　　　　Hěn kěxī.

(8) 의뢰 · 허가

☑ 부탁(하다) 　拜托　　　　　　빠이투오
　　　　　　bàituō

☑ 수고
辛苦　　씬쿠
xīnkǔ

☑ 안 된다(금지의 뜻)
不行 / 不可以　　뿌 씽 / 뿌 커이
bù xíng / bù kěyǐ

☑ 저에게 주세요.
请给我吧。　　칭 게이 워 바
Qǐng gěi wǒ ba.

☑ 해드리다
给你做　　게이 니 쭈오
gěi nǐ zuò

☑ 곤란(하다)
困难　　쿤난
kùnnán

☑ 괜찮습니다.
不要紧。　　부야오진
Búyàojǐn.

☑ 무엇이라도 상관없습
니다.
随便什么都可以。
Suíbiàn shénme dōu kěyǐ.
쒜이비엔 션머 또우 커이

☑ 그건 안 됩니다.
那不行。/ 那不可以。
Nà bù xíng. / Nà bù kěyǐ.
나 뿌 씽 / 나 뿌 커이

☑ 기다려 주시겠습니까?
你等我一下, 好吗?
Nǐ děng wǒ yíxià, hǎo ma?
니 덩 워 이샤, 하오 마

☑ 그렇게 해 주시겠습니
까?
你可以给我这样做吗?
Nǐ kěyǐ gěi wǒ zhèyàng zuò ma?
니 커이 게이 워 쩌양 쭈오 마

☑ 도와주지 않겠습니까?
你可以帮我一下吗?
Nǐ kěyǐ bāng wǒ yíxià ma?
니 커이 빵 워 이샤 마

▱ 만일 당신이 불편하시다면~.
如果你不方便的话~。
Rúguǒ nǐ bù fāngbiàn de huà~.
루궈 니 뿌 팡비엔 더 화~

▱ 만져도 됩니까?
我可以摸一摸吗？
Wǒ kěyǐ mō yi mō ma?
워 커이 모 이 모 마

▱ 번거로우시겠지만~.
麻烦你~。　　　　　마판 니~
Máfan nǐ~.

▱ 부탁드립니다.
拜托您了。　　　　　빠이투오 닌 러
Bàituō nín le.

▱ 부탁드릴 수 있을까요?
我可以麻烦你一下吗？
Wǒ kěyǐ máfan nǐ yixià ma?
워 커이 마판 니 이샤 마

▱ 서둘러 주십시오.
请快一点。　　　　　칭 콰이 이디엔
Qǐng kuài yìdiǎn.

▱ 시간 있으십니까?
你有空吗？　　　　　니 요우 콩 마
Nǐ yǒu kòng ma?

▱ 실례합니다~.
不好意思~。　　　　　뿌 하오이쓰
Bù hǎoyìsi~.

▱ 약속한 이상, 지켜주세요.
你答应了，就应该遵守。
Nǐ dāying le, jiù yīnggāi zūnshòu.
니 따잉 러, 지우 잉가이 쭌쇼우

▱ ~은 어떻습니까?
~怎么样？　　　　　~쩐머양
~zěnmeyàng?

▱ 어떻게 하는지 가르쳐 주세요.
请你告诉我怎么做，好吗？
Qǐng nǐ gàosu wǒ zěnme zuò, hǎoma?
칭 니 까오수 워 쩐머 쭈오, 하오 마

▱ 오실 수 있습니까?　您可以来吗?　닌 커이 라이 마
　　　　　　　　　　Nín kěyǐ lái ma?

▱ 잠깐 여쭙겠습니다.　我想问一下。　워 샹 원 이샤
　　　　　　　　　　Wǒ xiǎng wèn yíxià.

▱ 절대 안됩니다.　　绝对不行。　쥐에뛔이 뿌 씽
　　　　　　　　　　Juéduì bù xíng.

　　　　　　　　　　绝对不可以。　쥐에뛔이 뿌 커이
　　　　　　　　　　Juéduì bù kěyǐ.

▱ 좋습니다.　　　　好吧。　하오 바
　　　　　　　　　　Hǎo ba.

　　　　　　　　　　好的。　하오 더
　　　　　　　　　　Hǎo de.

▱ ~해도 괜찮습니까?　我可以~吗?　워 커이 ~마
　　　　　　　　　　Wǒ kěyǐ ~ma?

☑ 계시다, 있다	**在** zài	짜이
☑ 공중전화	**公用电话** gōngyòng diànhuà	꽁용 띠엔화
☑ 교환수	**电话接线员** diànhuà jiēxiànyuán	띠엔화 지에시엔위엔
☑ 국제전화	**国际电话** guójì diànhuà	궈찌 띠엔화
☑ 누구, 어느 분	**哪位** nǎ wèi	나 웨이
☑ 다시 걸다	**再打** zài dǎ	짜이 따
☑ 메모를 하다	**做记录** zuò jìlù	쭈오 찌루
☑ 목소리	**声音** shēngyīn	성인
☑ 성씨	**贵姓** guì xìng	꿰이 씽
☑ 수신자 부담 전화	**对方付款电话** duìfāng fùkuǎn diànhuà	뛔이팡 푸콴 띠엔화
☑ 수화기	**电话筒** diànhuàtōng	띠엔화통
☑ 안 계시다, 없다	**不在** bùzài	부짜이
☑ 연결하다	**转接** zhuǎnjiē	주안지에

☑ 연락처	**联络地点** liánluò dìdiǎn	리엔루오 띠디엔
☑ 외출	**外出** wàichū	와이추
☑ 자리를 비우다	**不在座位上** bú zài zuòwèi shang	부 짜이 쭈오웨이 샹
☑ 잠시	**一会儿** yíhuìr	이훨
☑ 전언, 전할 말	**留言** liúyán	리우옌
☑ 전하다, 알리다	**转告** zhuǎngào	주안까오
☑ 전화	**电话** diànhuà	띠엔화
☑ 전화를 걸다	**打电话** dǎ diànhuà	따 띠엔화
☑ 전화를 끊다	**挂电话** guà diànhuà	꽈 띠엔화
☑ 전화를 받다	**接电话** jiē diànhuà	지에 띠엔화
☑ 전화번호	**电话号码** diànhuà hàomǎ	띠엔화 하오마
☑ 전화카드	**电话卡** diànhuà kǎ	띠엔화 카
☑ 지명통화	**叫人电话** jiào rén diànhuà	쟈오 런 띠엔화
☑ 큰소리	**大声** dàshēng	따셩

☑ 통화요금 | **通话费** tōnghuàfèi | 통화페이

☑ 통화중 | **电话占线** diànhuà zhànxiàn | 띠엔화 짠시엔

☑ 행선지 | **目的地** mùdìdì | 무띠디

☑ 혼선 | **电话串线** diànhuà chuànxiàn | 띠엔화 추안시엔

☑ 여보세요. | **喂。** Wèi. | 웨이

☑ 김 선생님 댁입니까? | **是金先生家吗？** Shì Jīn xiānsheng jiā ma? | 스 찐 시엔성 쟈 마

☑ 계십니까? | **在吗？** Zài ma? | 짜이 마

☑ 김 선생님을 부탁합니다. | **金先生在吗？** Jīn xiānsheng zài ma? | 찐 시엔성 짜이 마

☑ 누구십니까? | **您是哪位？** Nín shì nǎ wèi? | 닌 스 나 웨이

☑ 기다려 주세요. | **请等一下。** Qǐng děng yíxià. | 칭 떵 이샤

☑ 잠시 기다려 주십시오. | **请稍等。** Qǐng shāo děng. | 칭 샤오 떵

☑ 바로 저입니다. | **我就是。** Wǒ jiù shì. | 워 지우 스

☑ 전화하려던 참입니다. | **我正要打电话呢。** Wǒ zhèng yào dǎ diànhuà ne. | 워 쩡 야오 다 띠엔화 너

☑ 그는 외출했습니다.
他出去了。
Tā chūqù le.
타 추취 러

☑ 지금 없습니다.
现在不在。
Xiànzài búzài.
씨엔짜이 부짜이

☑ 자리를 비우셨습니다.
现在不在座位。
Xiànzài búzài zuòwèi.
씨엔짜이 부짜이 쭈오웨이

☑ 나중에 또 걸지요.
日后再打。
Rì hòu zài dǎ.
르 호우 짜이 다

☑ 전화가 왔었다고 전해 주세요.
请转告他我来过电话。
Qǐng zhuǎngào tā wǒ lái guò diànhuà.
칭 주안까오 타 워 라이 궈 띠엔화

☑ 끊고 기다려 주세요.
挂下电话以后请等一下。
Guà xià diànhuà yǐhòu qǐng děng yíxià.
꽈 샤 띠엔화 이호우 칭 떵 이샤

☑ 연결해 드리겠습니다.
我给您转接。
Wǒ gěi nín zhuǎnjiē.
워 게이 닌 주안지에

☑ 다른 전화를 받고 있습니다.
他在听电话呢。
Tā zài tīng diànhuà ne.
타 짜이 팅 띠엔화 너

☑ 잘못 걸었습니다.
您打错了。
Nín dǎ cuò le.
닌 따 추오 러

☑ 안녕히 계십시오.
再见。
Zài jiàn.
짜이 지엔

(1) 숫자세기

◿ 1, 하나	一 yī	이
◿ 2, 둘	二 èr	얼
◿ 3, 셋	三 sān	싼
◿ 4, 넷	四 sì	쓰
◿ 5, 다섯	五 wǔ	우
◿ 6, 여섯	六 liù	리우
◿ 7, 일곱	七 qī	치
◿ 8, 여덟	八 bā	빠
◿ 9, 아홉	九 jiǔ	지우
◿ 10, 열	十 shí	스
◿ 11	十一 shíyī	스이
◿ 12	十二 shí'èr	스얼

☑ 13	十三 shísān	스싼
☑ 14	十四 shísì	스쓰
☑ 15	十五 shíwǔ	스우
☑ 16	十六 shíliù	스리우
☑ 17	十七 shíqī	스치
☑ 18	十八 shíbā	스빠
☑ 19	十九 shíjiǔ	스지우
☑ 20	二十 èrshí	얼스
☑ 30	三十 sānshí	싼스
☑ 40	四十 sìshí	쓰스
☑ 50	五十 wǔshí	우스
☑ 60	六十 liùshí	리우스
☑ 70	七十 qīshí	치스
☑ 80	八十 bāshí	빠스

☑ 90	九十 jiǔshí	지우스
☑ 100	一百 yìbǎi	이바이
☑ 200	二百 èrbǎi	얼바이
☑ 300	三百 sānbǎi	싼바이
☑ 400	四百 sìbǎi	쓰바이
☑ 500	五百 wǔbǎi	우바이
☑ 600	六百 liùbǎi	리우바이
☑ 700	七百 qībǎi	치바이
☑ 800	八百 bābǎi	빠바이
☑ 900	九百 jiǔbǎi	지우바이
☑ 1000	一千 yìqiān	이치엔
☑ 10000	一万 yǐwàn	이완
☑ 천만	一千万 yì qiān wàn	이 치엔 완
☑ 일억	一亿 yí yì	이 이

(2) 사람 · 물건 세기

☑	몇 개, 얼마	几个 jǐge	지거
☑	첫 번째(순서)	第一 dì yī	띠 이
☑	두 번째	第二 dì' èr	띠 얼
☑	세 번째	第三 dì sān	띠 싼
☑	네 번째	第四 dì sì	띠 쓰
☑	열 번째	第十 dì shí	띠 스
☑	한 번(빈도)	一次 yí cì	이 츠
☑	두 번	二次 liǎng cì	량 츠
☑	세 번	三次 sān cì	싼 츠
☑	네 번	四次 sì cì	쓰 츠
☑	열 번	十次 shí cì	스 츠
☑	한 사람	一个人 yí gè rén	이 거 런
☑	두 사람	两个人 liǎng ge rén	량 거 런

☑ 세 사람 — 三个人 / sān ge rén — 싼 거 런

☑ 네 사람 — 四个人 / sì ge rén — 쓰 거 런

☑ 열 사람 — 十个人 / shí ge rén — 스 거 런

☑ 한 자루(연필 같은 것) — 一支 / yì zhī — 이 즈

☑ 두 자루 — 两支 / liǎng zhī — 량 즈

☑ 세 자루 — 三支 / sān zhī — 싼 즈

☑ 열 자루 — 十支 / shí zhī — 스 즈

☑ 한 잔(음료수) — 一杯 / yì bēi — 이 뻬이

☑ 두 잔 — 两杯 / liǎng bēi — 량 뻬이

☑ 세 잔 — 三杯 / sān bēi — 싼 뻬이

☑ 열 잔 — 十杯 / shí bēi — 스 뻬이

☑ 한 장(종이 같은 것) — 一张 / yì zhāng — 이 짱

☑ 두 장 — 两张 / liǎng zhāng — 량 짱

☑ 세 장 — 三张 / sān zhāng — 싼 짱

☑ 열 장 | 十张
shí zhāng | 스 짱

☑ ~개 | ~个
~ge | 거

☑ ~권(책 같은 것) | ~本
~běn | 번

☑ ~대 | ~台
~tái | 타이

☑ ~살(나이) | ~岁
~suì | 쒜이

☑ ~위, ~번째, 제~ | 第~
dì~ | 띠

☑ ~채(집이나 건물) | ~栋
~dòng | 똥

☑ ~층(건물의 층수) | ~楼
~lóu | 로우

☑ ~켤레(구두, 양말 등) | ~双
~shuāng | 슈앙

(3) 계산하기

☑ 6에 3을 곱하다 | 6乘以3
liù chéngyǐ sān | 리우 청이 산

☑ 6에 3을 더하다 | 6加3
liù jiā sān | 리우 쟈 싼

☑ 6에서 3을 빼다 | 6减3
liù jiǎn sān | 리우 지엔 싼

▱ 6을 3으로 나누다 | 6除以3
liù chúyǐ sān | 리우 추이 싼

▱ 곱셈 | 乘法
chéngfǎ | 청파

▱ 나눗셈 | 除法
chúfǎ | 추파

▱ 덧셈 | 加法
jiāfǎ | 쟈파

▱ 뺄셈 | 减法
jiǎnfǎ | 지엔파

▱ 수 / 숫자 | 数 / 数字
shù / shùzì | 슈 / 슈쯔

(1) 날짜

☑ 서력, 서기	**公元** gōngyuán	꽁위엔
☑ 재작년	**前年** qiánnián	치엔니엔
☑ 작년	**去年** qùnián	취니엔
☑ 금년	**今年** jīnnián	찐니엔
☑ 내년	**明年** míngnián	밍니엔
☑ 후년	**后年** hòunián	호우니엔
☑ 반년	**半年** bànnián	빤니엔
☑ 매년	**每年** měinián	메이니엔
☑ 월	**月** yuè	웨
☑ 1월	**1月** yī yuè	이 웨
☑ 2월	**2月** èr yuè	얼 웨
☑ 3월	**3月** sān yuè	싼 웨

☑ 4월	**4月** sì yuè	쓰 웨
☑ 5월	**5月** wǔ yuè	우 웨
☑ 6월	**6月** liù yuè	리우 웨
☑ 7월	**7月** qī yuè	치 웨
☑ 8월	**8月** bā yuè	빠 웨
☑ 9월	**9月** jiǔ yuè	지우 웨
☑ 10월	**10月** shí yuè	스 웨
☑ 11월	**11月** shíyī yuè	스이 웨
☑ 12월	**12月** shí'èr yuè	스얼 웨
☑ 상순	**上旬** shàngxún	샹쉰
☑ 중순	**中旬** zhōngxún	쯍쉰
☑ 하순	**下旬** xiàxún	샤쉰
☑ 지지난달	**大上个月** dà shàng ge yuè	따 샹 거 웨
☑ 지난달	**上个月** shàng ge yuè	샹 거 웨

☑ 이번달	**这个月** zhè ge yuè	쩌 거 웨
☑ 다음달	**下个月** xià ge yuè	샤 거 웨
☑ 다다음달	**大下个月** dà xià ge yuè	따 샤 거 웨
☑ 매월	**每月 / 每个月** měi yuè / měi ge yuè	메이 웨 / 메이 거 웨
☑ 1개월	**一个月** yí ge yuè	이 거 웨
☑ 월요일	**星期一 / 礼拜一** xīngqī yī / lǐbài yī	씽치 이 / 리빠이 이
☑ 화요일	**星期二 / 礼拜二** xīngqī'èr / lǐbài'èr	씽치 얼 / 리빠이 얼
☑ 수요일	**星期三 / 礼拜三** xīngqī sān / lǐbài sān	싱치 싼 / 리빠이 싼
☑ 목요일	**星期四 / 礼拜四** xīngqī sì / lǐbài sì	씽치 쓰 / 리빠이 쓰
☑ 금요일	**星期五 / 礼拜五** xīngqī wǔ / lǐbài wǔ	씽치 우 / 리빠이 우
☑ 토요일	**星期六 / 礼拜六** xīngqī liù / lǐbài liù	씽치 리우 / 리빠이 리우
☑ 일요일	**星期天 / 礼拜天** xīngqī tiān / lǐbài tiān	씽치 티엔 / 리빠이 티엔
	星期日 / 礼拜日 xīngqī rì / lǐbài rì	씽치 르 / 리빠이 르
☑ 지지난주	**大上个星期** dà shàng ge xīngqī	따 샹 거 씽치

☑ 지난주	**上(个)星期** shàng (ge) xīngqī	샹 거 씽치
☑ 이번주	**这(个)星期** zhè (ge) xīngqī	쩌 거 씽치
☑ 다음주	**下(个)星期** xià ge xīngqī	샤 거 씽치
☑ 다다음주	**大下个星期** dà xià ge xīngqī	따 샤 거 씽치
☑ 주말	**周末** zhōumò	조우모
☑ 매주	**每周 / 每个星期** měizhōu / měi ge xīngqī	메이조우 / 메이 거 씽치
☑ 날	**天** tiān	티엔
☑ 날짜	**日子 / 日期** rìzi / rìqī	르즈 / 르치
☑ 그저께	**前天** qiántiān	치엔티엔
☑ 어제	**昨天** zuótiān	주오티엔
☑ 오늘	**今天** jīntiān	찐티엔
☑ 내일	**明天** míngtiān	밍티엔
☑ 모레	**后天** hòutiān	호우티엔
☑ 글피	**大后天** dà hòutiān	따 호우티엔

☑ 초하루	初一 chūyī	추이
☑ 1일	**1日 / 1号** yī rì / yī hào	이 르 / 이 하오
☑ 2일	**2日 / 2号** èr rì / èr hào	얼 르 / 얼 하오
☑ 3일	**3日 / 3号** sān rì / sān hào	싼 르 / 싼 하오
☑ 4일	**4日 / 4号** sì rì / sì hào	쓰 르 / 쓰 하오
☑ 5일	**5日 / 5号** wǔ rì / wǔ hào	우 르 / 우 하오
☑ 6일	**6日 / 6号** liù rì / liù hào	리우 르 / 리우 하오
☑ 7일	**7日 / 7号** qī rì / qī hào	치 르 / 치 하오
☑ 8일	**8日 / 8号** bā rì / bā hào	빠 르 / 빠 하오
☑ 9일	**9日 / 9号** jiǔ rì / jiǔ hào	지우 르 / 지우 하오
☑ 10일	**10日 / 10号** shí rì / shí hào	스 르 / 스 하오
☑ 11일	**11日 / 11号** shíyī rì / shíyī hào	스이 르 / 스이 하오
☑ 12일	**12日 / 12号** shí'èr rì / shí'èr hào	스얼 르 / 스얼 하오
☑ 13일	**13日 / 13号** shísān rì / shísān hào	스싼 르 / 스싼 하오

☑ 14일	**14日 / 14号** shísì rì / shísì hào	스쓰 르 / 스쓰 하오
☑ 20일	**20日 / 20号** èrshí rì / èrshí hào	얼스 르 / 얼스 하오
☑ 24일	**24日 / 24号** èrshísì rì / èrshísì hào	얼스쓰 르 / 얼스쓰 하오
☑ 며칠	**几日 / 几号** jǐ rì / jǐ hào	지 르 / 지 하오
☑ 몇 월	**几月** jǐ yuè	지 웨
☑ 오늘 몇 월 며칠입니까?	**今天几月几号?** Jīntiān jǐ yuè jǐ hào?	찐티엔 지 웨 지 하오

(2) 시간

☑ 시	**点** diǎn	디엔
☑ 시간, 타이밍	**时间** shíjiān	스지엔
☑ 1시	**1点** yī diǎn	이 디엔
☑ 2시	**2点** liǎng diǎn	량 디엔
☑ 3시	**3点** sān diǎn	싼 디엔
☑ 4시	**4点** sì diǎn	쓰 디엔

☑ 7시	**7点** qī diǎn	치 디엔
☑ 9시	**9点** jiǔ diǎn	지우 디엔
☑ 10시	**10点** shí diǎn	스 디엔
☑ 몇 시	**几点** jǐ diǎn	지 디엔
☑ 정각	**整** zhěng	정
☑ 분	**分** fēn	펀
☑ 1분	**一分钟** yī fēn zhōng	이 펀 쫑
☑ 2분	**二分钟 / 两分钟** èr fēn zhōng / liǎng fēn zhōng	얼 펀 쫑 / 량 펀 쫑
☑ 3분	**三分钟** sān fēn zhōng	싼 펀 쫑
☑ 4분	**四分钟** sì fēn zhōng	쓰 펀 쫑
☑ 5분	**五分钟** wǔ fēn zhōng	우 펀 쫑
☑ 6분	**六分钟** liù fēn zhōng	리우 펀 쫑
☑ 7분	**七分钟** qī fēn zhōng	치 펀 쫑
☑ 8분	**八分钟** bā fēn zhōng	빠 펀 쫑

☑ 9분	**九分钟** jiǔ fēn zhōng	지우 펀 쫑
☑ 10분	**十分钟** shí fēn zhōng	스 펀 쫑
☑ 15분	**十五分钟** shí wǔ fēn zhōng	스 우 펀 쫑
☑ 반, 30분	**半 / 三十分钟** bàn / sānshí fēn zhōng	빤 / 싼스 펀 쫑
☑ 60분	**六十分钟** liùshí fēn zhōng	리우스 펀 쫑
☑ 9시 5분 전	**九点差五分** jiǔ diǎn chà wǔ fēn	지우 디엔 차 우 펀
☑ 몇 분	**几分** jǐ fēn	지 펀
☑ 초	**秒** miǎo	먀오
☑ (시계가) 조금 느리다	**(表)有点儿慢** (biǎo) yǒu diǎnr màn	(뱌오) 요우 디얼 만
☑ (시계가) 조금 빠르다	**(表)有点儿快** (biǎo) yǒu diǎnr kuài	(뱌오) 요우 디얼 콰이
☑ 이 시계는 10분 늦습니다.	**这个表慢十分钟。** Zhè ge biǎo màn shí fēn zhōng. 쩌 거 뱌오 만 스 펀 종	
☑ 지금 몇 시입니까?	**现在几点了?** Xiànzài jǐ diǎn le?	씨엔짜이 지 디엔 러

☑ 가끔	偶尔 ǒu'ér	오우얼
☑ 가장 먼저	最先 zuìxiān	쭈에이시엔
☑ 갑자기, 돌연	突然 / 忽然 tūrán / hūrán	투란 / 후란
☑ 곧	马上 / 就要 ~ 了 mǎshang / jiù yào ~le	마샹 / 지우 야오 ~러
☑ 그동안	那段期间里 nà duàn qījiān lǐ	나 뚜안 치지엔 리
☑ 나중에	以后 yǐhòu	이호우
☑ 낮, 낮 동안, 주간	白天 bǎitiān	바이티엔
☑ 때때로	有的时候 yǒu de shíhou	요우 더 스호우
☑ 매일	每天 měitiān	메이티엔
☑ 매일밤	每天夜晚 měitiān yèwǎn	메이티엔 예완
☑ 밤	夜晚 yèwǎn	예완
☑ 밤새	通宵 tōngxiāo	통샤오
☑ 새벽녘	凌晨 língchén	링천

☑ 아까 — 刚才 gāngcái — 깡차이

☑ 아직 — 还 hái — 하이

☑ 아직껏, 지금까지 — 至今 zhìjīn — 쯔찐

☑ 아침 — 早上 / 早晨 zǎoshang / zǎochén — 자오샹 / 자오천

☑ 야간 — 夜间 yèjiān — 예지엔

☑ 어느새 — 不一会儿 bù yíhuìr — 뿌 이훨

不知不觉间 bù zhī bù jué jiān — 뿌 쯔 뿌 쥐에 지엔

☑ 어제 저녁 — 昨天晚上 zuótiān wǎnshang — 주오티엔 완샹

☑ 언제까지라도 — 不管什么时候 bùguǎn shénme shíhou — 뿌관 션머 스호우

无论何时 wúlùn héshí — 우룬 허스

☑ 언제나, 늘 — 总是 / 老是 zǒngshì / lǎoshì — 종스 / 라오스

☑ 언제나, 수시로 — 随时 suíshí — 쒜이스

☑ 언제쯤, 언제 — 什么时候 shénme shíhou — 션머 스호우

☑ 언젠가 — 总有一天 zǒng yǒu yìtiān — 종 요우 이티엔

☑ 오늘밤	**今晚** jīnwǎn	찐완
☑ 오늘 아침	**今早 / 今天早晨** jīnzǎo / jīntiān zǎochén	찐자오 / 찐티엔 자오천
☑ 오전	**上午** shàngwǔ	샹우
☑ 오후	**下午** xiàwǔ	샤우
☑ 오래간만(입니다).	**好久没见了。** Hǎojiǔ méi jiàn le.	하오지우 메이 지엔 러
☑ 요즘, 요며칠	**近来 / 最近 / 这几天** jìnlái / zuìjìn / zhè jǐ tiān	찐라이 / 쭈에이진 / 쩌 지 티엔
☑ 이전	**～以前** ~yǐqián	~이치엔
☑ 이후	**～以后** ~yǐhòu	~이호우
☑ 일전	**日前 / 前几天** rìqián / qián jǐ tiān	르치엔 / 치엔 지 티엔
☑ 자주, 종종	**常常 / 经常** chángcháng / jīngcháng	창창 / 찡창
☑ 잠깐	**稍** shāo	샤오
☑ 잠깐, 당분간	**暂时 / 临时 / 暂且** zànshí / línshí / zànqiě	짠스 / 린스 / 짠치에
☑ 저녁때	**晚间** wǎnjiān	완지엔

☑ 저녁 무렵	**晚饭的时候** wǎnfàn de shíhou	완판 더 스호우
☑ 즉시	**立即 / 立刻** lìjí / lìkè	리지 / 리커
☑ 지금	**现在** xiànzài	씨엔짜이
☑ 지금까지	**到现在为止** dào xiànzài wéizhǐ	따오 씨엔짜이 웨이즈
☑ 지금부터	**从现在开始** cóng xiànzài kāishǐ	총 시엔짜이 카이스
☑ (오랫동안) 쭉	**一直** yìzhí	이즈
☑ 처음에	**起初** qǐchū	치추
☑ 최근	**最近** zuìjìn	쭈에이진
☑ 최초	**最初** zuìchū	쭈에이추
☑ 최후	**最后** zuìhòu	쭈에이호우
☑ 틈, 짬	**空儿** kòngr	콩
☑ 평소	**平时** píngshí	핑스
☑ 평일	**平日** píngrì	핑르
☑ 하루치	**一天的份量** yì tiān de fènliàng	이 티엔 더 펀량

☑ 하룻밤 　一个晚上 / 一宿　이 거 완샹 / 이시우
　　　　　yí ge wǎnshang / yìxiǔ

☑ 휴일　　休息日　　　시우시르
　　　　　xiūxirì

☑ 가족   **家人**   쟈런
jiārén

☑ 거짓말쟁이   **喜欢说谎的人**   씨환 슈오 황 더 런
xǐhuan shuō huǎng de rén

☑ 괴짜   **怪东西**   꽈이 똥시
guài dōngxi

☑ 그 사람   **那个人 / 那位**   나 거 런 / 나 웨이
nà ge rén / nà wèi

☑ 구두쇠   **吝啬鬼 / 小气鬼**   린써궤이 / 샤오치궤이
lìnsèguǐ / xiǎoqìguǐ

☑ 남녀   **男女**   난뉘
nánnǚ

☑ 남동생   **弟弟**   띠디
dìdi

☑ 남자   **男人**   난런
nánrén

☑ 남편   **丈夫 / 老公**   짱푸 / 라오꿍
zhàngfu / lǎogōng

☑ 노인 / 연장자   **老人 / 长辈**   라오런 / 장뻬이
lǎorén / zhǎngbèi

☑ 누나, 언니   **姐姐**   지에제
jiějie

☑ 동료   **同事**   통스
tóngshì

☑ 따님   **令爱 / 您的女儿**   링아이 / 닌 더 뉘얼
lìng'ài / nín de nǚ'ér

☑ 딸	女儿 nǚ'ér	뉘얼
☑ 막내	老小 lǎo xiǎo	라오 샤오
☑ 바람둥이	风情男子 fēngqíng nánzi	펑칭 난즈
☑ 배우자	爱人 àirén	아이런
☑ 부모	父母亲 fùmǔqīn	푸무친
☑ 부모와 자식	父母和子女 fùmǔ hé zǐnǚ	푸무 허 쯔뉘
☑ 사람, 인간	人 rén	런
☑ 선배	前辈 qiánbèi	치엔뻬이
☑ 소년	少年 shàonián	샤오니엔
☑ 소녀	少女 shàonǚ	샤오뉘
☑ 손아랫사람	晚辈 wǎnbèi	완뻬이
☑ 손윗사람	长辈 zhǎngbèi	장뻬이
☑ 손자	孙子 sūnzi	쑨즈
☑ 술을 못하는 사람	不会喝酒的人 búhuì hē jiǔ de rén	부훼이 허 지우 더 런

☑ ~씨, ~선생	**先生** xiānsheng	시엔셩
☑ 아기	**婴儿** yīng'ér	잉얼
☑ 아내	**太太 / 妻子** tàitai / qīzi	타이타이 / 치즈
☑ 아는 사람	**认识的人** rènshi de rén	런스 더 런
☑ 아드님	**令郎 / 您的儿子** lìngláng / nín de érzi	링랑 / 닌 더 얼즈
☑ 아들	**儿子** érzi	얼즈
☑ 아버지	**父亲 / 爸爸** fùqin / bàba	푸친 / 빠바
☑ 아이	**孩子** háizi	하이즈
☑ 아저씨	**叔叔** shūshu	슈슈
☑ 아주머니	**大娘** dàniáng	따냥
☑ 아줌마	**阿姨 / 大婶(儿)** āyí / dàshěn(r)	아이 / 따셜
☑ 양친	**双亲** shuāngqīn	슈앙친
☑ 어머니	**母亲 / 妈妈** mǔqīn / màma	무친 / 마마
☑ 여동생	**妹妹** mèimei	메이메이

☑ 여자 **女人** 뉘런
nǚrén

☑ 연인 **恋人** 리엔런
liànrén

☑ 외동 **独生的** 두셩 더
dúshēng de

☑ 외동딸 **独生女** 두셩뉘
dúshēngnǚ

☑ 외동아들 **独生子** 두셩즈
dúshēngzǐ

☑ 욕심쟁이 **贪心鬼** 탄씬궤이
tānxīnguǐ

☑ 이상한 사람 **反常的人** 판창 더 런
fǎncháng de rén

☑ 자매 **姊妹** 쯔메이
zǐmèi

☑ 자제분 **子女** 쯔뉘
zǐnǚ

☑ 장남 **长子 / 大儿子** 장즈 / 따 얼즈
zhǎngzi / dà érzi

☑ 장녀 **长女 / 大女儿** 장뉘 / 따 뉘얼
zhǎngnǚ / dà nǚ'ér

☑ 젊은이 **年轻人** 니엔칭런
niánqīngrén

☑ 차남 **次男 / 二儿子** 츠난 / 얼 얼즈
cìnán / èr érzi

☑ 차녀 **次女 / 二女儿** 츠뉘 / 얼 뉘얼
cìnǚ / èr nǚ'ér

☑ 청년	**青年** qīngnián	칭니엔
☑ 친구	**朋友** péngyou	펑요우
☑ 학교 남자 후배	**学弟** xuédì	쉬에띠
☑ 학교 여자 후배	**学妹** xuémèi	쉬에메이
☑ 학교 선배	**学长** xuézhǎng	쉬에장
☑ 할머니	**祖母 / 奶奶** zǔmǔ / nǎinai	주무 / 나이나이
☑ 할아버지	**祖父 / 爷爷** zǔfù / yéye	주푸 / 예예
☑ 형, 오빠	**哥哥** gēge	꺼거
☑ 형제	**兄弟** xiōngdì	시옹띠
☑ 후배	**后辈** hòubèi	호우뻬이

한국어	中文	발음
결혼	结婚 jiéhūn	지에훈
맞선 (보다)	相亲 xiāng qīn	샹 친
배우자	对象 duìxiàng	뛔이샹
시집가다	嫁人 jiàrén	쟈런
신랑	新郎 xīnláng	씬랑
신부	新娘 xīnniáng	신냥
신혼여행	蜜月 mìyuè	미위에
실연	失恋 shīliàn	스리엔
약혼녀	未婚妻 wèihūnqī	웨이훈치
연애하다	谈恋爱 tán liàn'ài	탄 리엔아이
축의금	贺礼钱 hèlǐqián	허리치엔
프로포즈	求婚 qiúhūn	치우훈
혼사	婚事 hūnshì	훈스

	거실	客厅 kètīng	커팅
	공중 목욕탕	公共澡堂 gōnggòng zǎotáng	꽁꽁 자오탕
	내가 사는 곳	我住的地方 wǒ zhù de dìfang	워 쭈 더 띠팡
	단독주택	独门独院的房子 dúmén dúyuàn de fángzi	두먼 두위엔 더 팡즈
	대문	大门 dàmén	따먼
	도시	城市 / 都市 chéngshì / dūshì	청스 / 뚜스
	독방	单人房 dānrénfáng	딴런팡
	마루	地板 dìbǎn	띠반
	마을	村庄 / 村落 cūnzhuāng / cūnluò	춘주앙 / 춘루오
	목조	木造的 mǔ zào de	무 자오 더
	방	屋子 / 房间 wūzi / fángjiān	우즈 / 팡지엔
	방세 / 방값	房租 / 房钱 fángzū / fáng qián	팡주 / 팡 치엔
	벨	门铃 ménlíng	먼링

☑ 벽	墙壁 qiángbì	치앙삐
☑ 벽장	壁橱 bìchú	삐추
☑ 변기	便桶 biàntǒng	삐엔통
☑ (집세 등의) 보증금	抵押金 dǐyājīn	띠야찐
☑ 복덕방	房地产中介公司 fángdìchǎn zhōngjiè gōngsī	팡띠찬 쭝지에 꽁쓰
☑ 복도	走廊 zǒuláng	조우랑
☑ 부엌	厨房 chúfáng	추팡
☑ 사시는 집	住的家 zhù de jiā	쭈 더 쟈
☑ 선불계약금	预付契约金 yùfù qìyuējīn	위푸 치위에찐
☑ 세대	住户 zhùhù	쭈후
☑ 세면대	洗脸盆 xǐliǎnpén	씨리엔펀
☑ 셋집	租房 zūfáng	쭈팡
☑ 수도	自来水管 zìlái shuǐguǎn	쯔라이 쉐이꾸안
☑ 시골	乡下 xiāngxià	샹샤

☑ 아파트	公寓	gōngyù	꽁위
☑ 옥상	顶屋 / 顶楼	dǐngwū / dǐnglóu	딩우 / 딩로우
☑ 욕실	浴室	yùshì	위스
☑ 융단, 카펫	地毯	dìtǎn	띠탄
☑ 응접실	接待室	jiēdàishì	지에따이스
☑ 이사하다	搬家	bānjiā	빤쟈
☑ 자기 집	自己的家	zìjǐ de jiā	쯔지 더 쟈
☑ 정원	庭院	tíngyuàn	팅위엔
☑ 지붕	房顶	fángdǐng	팡딩
☑ 지하실	地下室	dìxiàshì	띠샤스
☑ 집	家 / 房子	jiā / fángzi	쟈 / 팡즈
☑ 집세	房租费	fángzūfèi	팡쭈페이
☑ 집을 비움	腾出房子	téngchū fángzi	텅추 팡즈
☑ 집주인	房主	fángzhǔ	팡쭈

☑ 창문

☑ 하숙

☑ 현관

☑ 화장실

窗户
chuānghù

추앙후

寄宿
jìsù

찌슈

正门 / 前门
zhèngmén / qiánmén

쩡먼 / 치엔먼

卫生间
wèishēngjiān

웨이셩지엔

洗手间
xǐshǒujiān

씨쇼우지엔

厕所
cèsuǒ

처쑤오

(1) 생활

	한국어	中文	발음
☐	가사 / 집안 일	家务 / 家事 jiāwù / jiāshì	쟈우 / 쟈스
☐	가연성 쓰레기	可燃性垃圾 kěránxìng lājī	커란씽 라지
☐	고장 / 고장나다	故障 / 坏了 gùzhàng / huài le	꾸장 / 화이 러
☐	공부	学习 xuéxí	쉬에시
☐	깎다 / 면도하다	刮 / 剃 guā / tì	꾸아 / 티
☐	나이를 먹다	上年纪 shàng niánjì	샹 니엔지
☐	낮잠	午觉 wǔjiào	우쟈오
☐	낮잠을 자다	睡午觉 shuì wǔjiào	쉐이 우쟈오
☐	다림질을 하다	熨衣服 yù yīfu	위 이푸
☐	단추를 걸다	系扣子 jì kòuzi	찌 코우즈
☐	담배를 끊다	戒烟 jièyān	지에옌
☐	담배를 피우다	抽烟 chōuyān	초우옌

☑	머리를 감다	洗头发 xǐ tóufà	씨 토우파
☑	머리를 깎다	剪头发 jiǎn tóufà	지엔 토우파
☑	머리를 빗다	梳头发 shū tóufà	슈 토우파
☑	모자를 쓰다	戴帽子 dài màozi	따이 마오즈
☑	목욕, 샤워(하다)	洗澡 xǐzǎo	씨자오
☑	문을 닫다	关门 guānmén	꾸안먼
☑	문을 열다	开门 kāimén	카이먼
☑	문이 열리다	门开了 mén kāi le	먼 카이 러
☑	물을 끓이다	烧水 shāoshuǐ	샤오쉐이
☑	바지를 입다	穿裤子 chuān kùzi	추안 쿠즈
☑	반지를 끼다	戴戒指 dài jièzhi	따이 지에즈
☑	버튼을 누르다	按钮 àn niǔ	안 니우
☑	부엌 쓰레기	厨房垃圾 chúfáng lājī	추팡 라지
☑	빨래를 말리다	晾衣服 liàng yīfu	량 이푸

☑ 세탁하다 　洗衣服　씨 이푸
xǐ yīfu

☑ 셔츠가 마르다 　衬衫干了　천샨 깐 러
chènshān gān le

☑ 셔츠를 말리다 　晾衬衫　량 천샨
liàng chènshān

☑ 셔츠를 입다 　穿衬衫　추안 천샨
chuān chènshān

☑ 손이 모자라다 　人手不够　런 쇼우 부꼬우
rén shǒu búgòu

☑ 수리하다 　修理　시우리
xiūlǐ

☑ 스위치를 끄다 　关掉开关　꾸안댜오 카이꾸안
guāndiào kāiguān

☑ 스위치를 넣다 　打开开关　다카이 카이꾸안
dǎkāi kāiguān

☑ 시계가 맞다 　表走得准　뱌오 조우 더 준
biǎo zǒu de zhǔn

☑ 신문을 구독하다 　阅读报纸　위에두 빠오즈
yuèdú bàozhǐ

☑ 신문을 훑어보다 　看报纸　칸 빠오즈
kàn bàozhǐ

☑ 쓰레기를 버리다 　扔垃圾　렁 라지
rèng lājī

☑ 아침 식사를 들다 　用早餐　용 자오찬
yòng zǎocān

☑ 안경을 벗다 　摘眼镜　자이 옌징
zhāi yǎnjìng

☑ 야채가게에 들르다	路过蔬菜店 lùguò shūcàidiàn	루꿔 슈차이디엔
☑ 외식하다	出外吃饭 chūwài chī fàn	추와이 츠 판
☑ 이불을 개다	叠被子 dié bèizi	디에 뻬이즈
☑ 이불을 깔다	铺被子 pū bèizi	푸 뻬이즈
☑ 일기를 쓰다	写日记 xiě rìjì	시에 르지
☑ 일을 돕다[거들다]	帮忙 bāngmáng	빵망
☑ 일찍 일어나다	起得早 qǐ de zǎo	치 더 자오
☑ 잠이 깨다	睡醒 shuìxǐng	쉐이씽
☑ 장식하다	装饰 zhuāngshì	쭈앙스
☑ 점심 후의 휴식	午休 wǔxiū	우시우
☑ 정리하다	整理 zhěnglǐ	정리
☑ 차를 끓이다	煮茶 zhū chá	주 차
☑ 청소기로 밀다	用吸尘器吸 yòng xīchénqì xī	용 씨천치 씨
☑ 청소하다	打扫 dǎsǎo	다싸오

☑ 커튼을 내리다 　　**拉窗帘** lā chuānglián 　　라 추앙리엔

☑ 피로가 풀리다 　　**疲劳解除** píláo jiěchú 　　피라오 지에추

(2) 사회

☑ 가족동반 　　**全家人一起** quánjiārén yìqǐ 　　취엔쟈런 이치

☑ 거짓말 　　**骗人的话** piàn rén de huà 　　피엔 런 더 화

☑ 겨울방학 　　**寒假** hánjià 　　한쟈

☑ 결석 　　**缺席** quèxí 　　취에씨

☑ 고등학생 　　**高中生** gāozhōngshēng 　　까오쫑셩

☑ 공중 　　**空中** kòngzhōng 　　꽁쫑

☑ 교육 　　**教育** jiàoyù 　　쟈오위

☑ 교통비 　　**交通费** jiāotōngfèi 　　쟈오통페이

☑ 독신생활 　　**独身生活** dúshēn shēnghuó 　　두션 셩훠

☑ 독창적 　　**独创的** dúchuàng de 　　두추앙 더

☑ 뒷문(부정한 수단)	走后门 zǒu hòumén	조우 호우먼
☑ 룸메이트	同屋 tóngwū	통우
☑ 멤버	成员 chéngyuán	청위엔
☑ 모임	聚会 jùhuì	쮜훼이
☑ 모집	招聘 zhāopìn	쟈오핀
☑ 박사과정	博士研究生 bóshì yánjiūshēng	보스 옌지우셩
☑ 부부동반	夫妇一起 fūfù yìqǐ	푸푸 이치
☑ 부자	父子 fùzǐ	푸즈
☑ 부정입학	走后门入学 zǒu hòumén rùxué	조우 호우먼 루쉐에
☑ 분위기	气氛 qìfèn	치펀
☑ 사건, 일	事件 shìjiàn	스지엔
☑ 사고방식	思考方式 sīkǎo fāngshì	스카오 팡스
☑ 사정, 용건	事情 shìqíng	스칭
☑ 사회	社会 shèhuì	셔훼이

☑	사회보장제도	**社会福利制度** shèhuì fúlìzhìdù	셔훼이 푸리쯔뚜
☑	상대	**对方** duìfāng	뛔이팡
☑	생활	**生活** shēnghuó	셩훠
☑	생활방식	**生活方式** shēnghuó fāngshì	셩훠 팡스
☑	생활수준	**生活水平** shēnghuó shuǐpíng	셩훠 쉐이핑
☑	석사과정	**硕士研究生** shuòshì yánjiūshēng	슈오스 옌지우셩
☑	성적	**成绩** chéngjì	청찌
☑	수면부족	**睡眠不足** shuìmián bùzú	쉐이미엔 뿌주
☑	수업	**课** kè	커
☑	수준	**水平** shuǐpíng	쉐이핑
☑	시험	**考试** kǎoshì	카오스
☑	신입, 풋내기, 초심자	**新手** xīnshǒu	씬쇼우
☑	실수	**失误** shīwù	스우
☑	실습	**实习** shíxí	스씨

☑ 여름방학, 여름휴가	**暑假** shǔjià	슈쟈
☑ 역할	**角色** juésè	쥐에써
☑ 요령	**要领** yàolǐng	야오링
☑ 우승	**冠军** guànjūn	꾸안준
☑ 운동회	**运动会** yùndònghuì	윈똥훼이
☑ 유치원	**幼儿园** yòu'éryuán	요우얼위엔
☑ 유학생	**留学生** liúxuéshēng	리우쉬에셩
☑ 응모하다	**应征** yìngzhēng	잉쩡
☑ 이기적	**自私** zǐsī	쯔쓰
☑ 인상	**印象** yìnxiàng	인샹
☑ 입학식	**开学典礼** kāixué diǎnlǐ	카이쉬에 디엔리
☑ 장래	**将来** jiānglái	쟝라이
☑ 졸업	**毕业** bìyè	삐예
☑ 졸업식	**毕业典礼** bìyè diǎnlǐ	삐예 디엔리

☑ 중학생	**中学生** zhōngxuéshēng	쭝쉬에셩
☑ 출석	**出席** chūxí	추씨
☑ 출퇴근	**上下班** shàngxiàbān	샹샤빤
☑ 클래스, 반	**班** bān	빤
☑ 평가	**评价** píngjià	핑쟈
☑ 합격	**通过** tōngguò	통궈
☑ 핵가족	**核心家庭** héxīn jiātíng	허씬 쟈팅
☑ 행렬	**行列** hángliè	항리에
☑ 형편이 안 좋다	**境况不好** jìngkuàng bù hǎo	찡쾅 뿌 하오
☑ 휴식시간	**休息时间** xiūxi shíjiān	씨우시 스지엔

(1) 신체 · 생리

□ 가슴	胸 xiōng	시옹
□ 검은 반점	黑斑 hēibān	헤이빤
□ 겨드랑이	腋窝 yèwō	예워
□ 귀	耳朵 ěrduo	얼두오
□ 금발	金发 jīnfà	찐파
□ 뇌	脑子 nǎozi	나오즈
□ 눈	眼睛 yǎnjing	옌징
□ 눈꺼풀	眼皮 yǎnpí	옌피
□ 눈동자	瞳孔 tóngkǒng	통콩
□ 눈썹	眼眉 / 眉毛 yǎnméi / méimao	옌메이 / 메이마오
□ 눈알	眼球 yǎnqiú	옌치우
□ 다리 / 발	腿 / 脚 tuǐ / jiǎo	퉤이 / 쟈오

등	**后背** hòubèi	호우뻬이
땀을 흘리다	**流汗** liúhàn	리우한
땀이 나다	**出汗** chūhàn	추한
머리	**头** tóu	토우
머리카락	**头发** tóufà	토우파
목구멍	**嗓子** sǎngzi	쌍즈
몸	**身体** shēntǐ	션티
무릎	**膝盖** xīgài	씨까이
발꿈치	**脚跟** jiǎogēn	쟈오껀
발목	**脚脖** jiǎobó	쟈오보
발바닥	**脚心** jiǎoxīn	쟈오씬
배	**肚子** dùzi	뚜즈
백발	**白发** báifà	바이파
볼	**脸颊** liǎnjiá	리엔쟈

☑ 뼈	**骨头** gǔtou	구토우
☑ 새끼손가락	**小拇指** xiǎomǔzhǐ	샤오무즈
☑ 속눈썹	**眼睫毛** yǎnjiémáo	옌지에마오
☑ 손	**手** shǒu	쇼우
☑ 손가락	**手指** shǒuzhǐ	쇼우즈
☑ 손목	**手脖** shǒubó	쇼우보
☑ 손바닥	**手心** shǒuxīn	쇼우씬
☑ 손톱 / 발톱	**手指甲 / 脚指甲** shǒuzhǐjiǎ / jiǎozhǐjiǎ	쇼우즈쟈 / 쟈오즈쟈
☑ 수염	**胡子** húzi	후즈
☑ 심장	**心脏** xīnzàng	씬짱
☑ 안색	**脸色** liǎnsè	리엔써
☑ 약지	**无名指** wúmíngzhǐ	우밍즈
☑ 어깨	**肩** jiān	지엔
☑ 얼굴	**脸** liǎn	리엔

☑ 엄지	**大拇指** dàmǔzhǐ	따무즈
☑ 엉덩이	**屁股** pìgǔ	피구
☑ 여드름	**青春豆** qīngchūndòu	칭춘또우
☑ 위	**胃** wèi	웨이
☑ 이 / 치아	**牙 / 牙齿** yá / yáchǐ	야 / 야츠
☑ 이마	**额头** étóu	어토우
☑ 인지, 둘째 손가락	**二拇指** èrmǔzhǐ	얼무즈
☑ 입	**嘴** zuǐ	쭈에이
☑ 입술	**嘴唇** zuǐchún	쭈에이췐
☑ 종기	**脓肿** nóngzhǒng	농쫑
☑ 주근깨	**雀斑** quèbān	취에빤
☑ 주름	**皱纹** zhòuwén	쪼우원
☑ 중지	**中拇指** zhōngmǔzhǐ	쭝무즈
☑ 침	**唾沫** tuòmò	투오모

☑	코	**鼻子** bízi	비즈
☑	코를 골다	**打鼾** dǎhān	따한
☑	콧수염	**鼻毛** bímáo	삐마오
☑	키	**个子** gèzi	꺼즈
☑	턱	**颚** è	어
☑	팔	**胳膊** gēbo	꺼보
☑	폐	**肺** fèi	페이
☑	피	**血** xiě	씨에
☑	피부	**皮肤** pífū	피푸
☑	하품	**哈欠** hāqian	하치엔
☑	허리	**腰** yāo	야오

(2) 외양

☑	근사하다	**不错** búcuò	부추오

☑ 깔끔한	**干净利落** gānjìng lìluò	깐징 리루오
☑ 대머리	**光头** guāngtóu	꽝토우
☑ 뚱보	**胖子** pàngzi	팡즈
☑ 말쑥한	**清秀** qīngxiù	칭시우
☑ 멋	**潇洒** xiāosǎ	샤오싸
☑ 매력 있다	**有魅力** yǒu mèilì	요우 메이리
☑ 모습 / 자태	**容貌 / 姿态** róngmào / zītài	롱마오 / 쯔타이
☑ 미인	**美人** měirén	메이런
☑ 보조개	**酒窝** jiǔwǒ	지우워
☑ 비만	**肥胖** féipàng	페이팡
☑ 살찌다, 뚱뚱하다	**胖** pàng	팡
☑ 야위다	**瘦** shòu	쇼우
☑ 키가 작다	**个子矮** gèzi ǎi	꺼즈 아이
☑ 키가 크다	**个子高** gèzi gāo	꺼즈 까오

☑ 피부가 깨끗하다	**皮肤干净** pífū gānjìng	피푸 깐징
☑ 햇볕에 탐	**晒黑** shàihēi	샤이헤이

☑ 가난하다	**穷 / 贫穷** qióng / pínqióng	치옹 / 핀치옹
☑ 가슴이 설레다	**心情激动** xīnqíng jīdòng	씬칭 찌똥
☑ 가엾다, 불쌍하다	**可怜** kělián	커리엔
☑ 감동하다	**感动** gǎndòng	간똥
☑ 감탄을 하다	**感叹** gǎntàn	간탄
☑ 갖고 싶다	**想要** xiǎngyào	샹야오
☑ 걱정 없다	**无忧无虑** wú yōu wú lù	우 요우 우 뤼
☑ 걱정이 되다	**让人忧虑** ràngrén yōulù	랑런 요우뤼
☑ 걱정하다	**担心** dānxīn	딴씬
☑ 건방지다, 오만하다	**不礼貌** bùlǐmào	뿌리마오
☑ 겁이 많다	**胆小** dǎnxiǎo	단샤오
☑ 고뇌하다	**苦恼** kǔnǎo	쿠나오
☑ 고집	**固执** gùzhí	꾸즈

	한국어	中文	발음
☑	고집 불통	**顽固不化** wángù bùhuà	완꾸 뿌화
☑	괴롭다	**痛苦** tòngkǔ	통쿠
☑	굉장하다, 대단하다	**了不起** liǎobuqǐ	랴오부치
☑	귀엽다	**可爱** kě'ài	커아이
☑	귀찮다	**麻烦** máfan	마판
☑	그립다	**思念** sīniàn	쓰니엔
☑	기대하다	**期盼 / 期待** qīpàn / qīdài	치판 / 치따이
☑	기분	**心情** xīnqíng	씬칭
☑	기쁘다, 즐겁다	**高兴 / 开心** gāoxìng / kāixīn	까오싱 / 카이씬
☑	깨닫다, 알다	**认识 / 领会** rènshi / lǐnghuì	런스 / 링훼이
☑	낙천적이다	**生性乐观开朗** shēngxìng lèguān kāilǎng	셩씽 러꾸안 카이랑
☑	날카롭다	**尖锐** jiānruì	지엔뤠이
☑	납득할 수가 없다	**说服不了** shuōfú bù liǎo	슈오푸 뿌 랴오
☑	놀라다	**惊讶** jīngyà	찡야

☑ 눈물	**眼泪** yǎnlèi	옌레이,
☑ 느낌이 들다	**有感觉** yǒu gǎnjué	요우 간쮀에
☑ 느리다	**慢 / 磨蹭** màn / móceng	만 / 모청
☑ 닭살이 돋다	**起鸡皮疙瘩** qǐ jīpí geda	치 찌피 꺼다
☑ 당황하다	**慌乱** huāngluàn	황롼
☑ 대단하다	**好极了** hǎo jí le	하오 지 러
☑ (가슴이) 두근거리다	**心怦怦跳** xīn pēngpēng tiào	씬 펑펑 탸오
☑ 두렵다	**恐惧 / 害怕** kǒngjù / hàipà	콩쮜 / 하이파
☑ 둔하다	**迟钝** chídùn	츠뚠
☑ 따분하다	**无聊** wúliáo	우랴오
☑ 마음먹다	**决心** juéxīn	쮀에씬
☑ 마음에 걸림, 근심	**放心不下** fàngxīn búxià	팡씬 부샤
☑ 마음에 두다	**记在心上** jì zài xīnshang	찌 짜이 씬샹
☑ 마음에 들다	**满意** mǎnyì	만이

☑ 마음을 졸이다	**焦虑** jiāolǜ	쟈오뤼
☑ 만족하다	**满足** mǎnzú	만주
☑ 말이 없음	**沉默不语** chénmò bù yǔ	천모 뿌 위
☑ 말하기 어렵다	**不方便说话** bù fāngbiàn shuōhuà	뿌 팡비엔 슈오화
☑ 망설이다	**犹豫不定** yóuyù bù dìng	요우위 뿌 띵
☑ 맞다 / 바르다	**对 / 正确** duì / zhèngquè	뛔이 / 쩡취에
☑ 매우 싫어함	**讨厌** tǎoyàn	타오옌
☑ 매우 좋아함	**很喜欢** hěn xǐhuan	헌 씨환
☑ 머리가 좋다	**脑子好** nàozi hǎo	나오즈 하오
☑ 명랑하다	**活泼开朗** huópō kāilǎng	훠포 카이랑
☑ 몹시 취하다	**乱醉** luànzuì	롼쭈에이
☑ 불가능하다	**不可能** bù kěnéng	뿌 커넝
☑ 무사하다 / 별고없다	**平安 / 没事** píng'ān / méishì	핑안 / 메이스
☑ 무서워하다	**怕 / 害怕** pà / hàipà	파 / 하이파

뭔가 부족하다	缺点什么 quēdiǎn shénme	취에디엔 션머
미소(짓다)	微笑 wēixiào	웨이샤오
밉다	憎恨 zènghèn	쩡헌
바라다	希望 xīwàng	씨왕
바쁘다	忙 máng	망
반하다	被迷住 bèi mízhù	뻬이 미쭈
발이 넓다	路子宽 lùzi kuān	루즈 콴
버릇없다	没有礼貌 méiyǒu lǐmào	메이요우 리마오
버릇없이 기르다	养得没有教养 yǎng de méiyǒu jiàoyǎng	양 더 메이요우 쟈오양
본심	本意 běnyì	번이
부끄럼 잘 타는 사람	好害羞的人 hǎo hàixiū de rén	하오 하이시우 더 런
부끄럽다	害羞 hàixiū	하이시우
부럽다	羡慕 xiànmù	시엔무
분하다	愤怒 fènnù	펀누

☑ 불성실하다 | **不诚实** bù chéngshí | 뿌 청스
☑ 불안하다 | **不安** bù'ān | 뿌안
☑ 불쾌하다 | **不开心** bù kāi xīn | 뿌 카이 씬
☑ 뻔뻔스럽다 | **脸皮厚** liǎnpí hòu | 리엔피 호우
☑ 사랑받다 | **得宠** déchǒng | 더총
☑ 사랑하다 | **爱** ài | 아이
☑ 사소하다 | **琐碎** suǒsuì | 쑤오쒜이
☑ 상냥하다 | **态度温和** tàidù wēnhé | 타이뚜 원허
☑ (기분이) 상쾌하다 | **爽快** shuǎngkuài | 슈앙콰이
☑ 서먹서먹하다 | **生疏** shēngshū | 성슈
☑ 서투르다 | **不熟练** bù shúliàn | 뿌 슈리엔
☑ 성격 | **性格** xìnggé | 씽거
☑ 성급하다 | **性子急** xìngzi jí | 씽즈 지
☑ 성실하다 | **诚实** chéngshí | 청스

☑ 소극적이다	消极 xiāojí	샤오지
☑ 소란하다, 떠들다	吵闹 chǎonào	차오나오
☑ 소용 없다	没有用 méiyǒu yòng	메이요우 용
☑ 수상쩍다	可疑 kěyí	커이
☑ 순진하다	天真 tiānzhēn	티엔쩐
☑ 슬프다	悲伤 / 难过 bēishāng / nánguò	뻬이샹 / 난궈
☑ 시끄럽다	吵 chǎo	차오
☑ 신기하다	新奇 / 好玩 xīnqí / hǎowán	씬치 / 하오완
☑ 신중하다	慎重 shènzhòng	션쫑
☑ 실망하다	失望 shīwàng	스왕
☑ 싫다	不愿意 bú yuànyì	뿌 위엔이
☑ 심하다	严重 yánzhòng	옌쫑
☑ 쓸쓸하다	寂寞 / 冷清 jìmò / lěngqīng	찌모 / 렁칭
☑ 아깝다	可惜 / 惋惜 kěxī / wǎnxī	커씨 / 완씨

□ 아프다	疼 / 痛 téng / tòng	텅 / 통
□ 얌전하다	文静 wénjìng	원찡
□ 어쩐지 기분 나쁘다	难怪不开心 nánguài bù kāixīn	난꾸아이 뿌 카이씬
□ 엄하다	严格 yángé	옌거
□ 열중하다	热衷 rèzhōng	러쫑
□ 영리하다	伶俐 línglì	링리
□ 욕심을 부리다	贪心 tānxīn	탄씬
□ 용감하다	勇敢 yǒnggǎn	용간
□ 우습다	可笑 kěxiào	커샤오
□ 원망하다	责怪 / 怪 zéguài / guài	저꽈이 / 꽈이
□ 유감이다	遗憾 yíhàn	이한
□ 유치하다	幼稚 yòuzhì	요우쯔
□ 유쾌하다	愉快 yúkuài	위콰이
□ 의심하다	怀疑 huáiyí	화이이

☑	이상하다	怪怪的 guàiguài de	꽈이꽈이 더
☑	이해하기 어렵다	不好理解 bù hǎo lǐjiě	뿌 하오 리지에
☑	재미 없다	没有意思 méiyǒu yìsi	메이요우 이쓰
☑	재미있다	有意思 yǒu yìsi	요우 이쓰
☑	적극적이다	积极 jījí	찌지
☑	적당하다	适当 shìdàng	스땅
☑	정직하다	正直 zhèngzhí	쩡즈
☑	제멋대로다	随心所欲 suíxīn suǒyù	쒜이씬 쑤오위
☑	조심성이 없다	粗心大意 cūxīn dàyì	추씬 따이
☑	조용하다	安静 ānjìng	안찡
☑	좋아하다	喜欢 xǐhuan	씨환
☑	주의 깊다	周到 zhōudào	조우따오
☑	중대하다	重大 zhòngdà	쫑따
☑	중요하다	重要 zhòngyào	쫑야오

☑	지나치다	过分 guòfèn	꿔펀
☑	진절머리나다	打冷颤 dǎ lěngzhàn	다 렁짠
☑	진심이다	真心的 zhēnxīn de	쩐씬 더
☑	질투하다	嫉妒 jídù	찌뚜
☑	짜증이 나다	心烦 xīnfán	씬판
☑	째째하다	小气 xiǎoqì	샤오치
☑	참다	忍耐 rěnnài	런나이
☑	참을 수 없다	受不了 shòu bu liǎo	쇼우 뿌 랴오
☑	충분하다	足够 zúgòu	주꼬우
☑	친절하다	亲热 / 热情 qīnrè / rèqíng	친러 / 러칭
☑	친하다	要好 yàohǎo	야오하오
☑	침착하다	冷静 lěngjìng	렁찡
☑	큰일이다	糟糕了 zāogāo le	자오까오 러
☑	포기하다	放弃 fàngqì	팡치

☑ ~하고 싶다, 그립다	**想** xiǎng	샹
☑ 한가하다	**闲** xián	시엔
☑ 한눈에 반함	**一见钟情** yí jiàn zhōng qíng	이 지엔 쭝 칭
☑ 한숨	**叹气** tànqì	탄치
☑ 행복하다	**快乐** kuàilè	콰이러
☑ 헛되다, 쓸데없다	**白费力气** báifèi lìqì	바이페이 리치
☑ 현저하다	**显著** xiǎnzhù	시엔주
☑ 호감이 가다	**有好感** yǒu hǎogǎn	요우 하오간
☑ 화나다, 화내다	**生气 / 发火** shēngqì / fā huǒ	셩치 / 파 훠
☑ 확실하다	**确定** quèdìng	취에딩
☑ 활달하다	**活泼** huópō	훠포
☑ 황공하다, 아깝다	**惶恐** huángkǒng	황콩
☑ 흥분하다	**激动** jīdòng	찌똥

☑ 가다 / 오다	**去 / 来** qù / lái	취 / 라이
☑ 가리키다	**指** zhǐ	즈
☑ 갈라지다	**分开** fēnkāi	펀카이
☑ 감추다, 숨기다	**隐藏** yǐncáng	인창
☑ 개선되다	**改善** gǎishàn	가이샨
☑ 거절당하다	**遭到拒绝** zāodào jùjué	자오따오 쮜쮜에
☑ 거절하다	**谢绝** xièjué	씨에쮜에
☑ (길을) 건너다	**过路** guòlù	꿔루
☑ 게으름을 피우다	**偷懒** tōulǎn	토우란
☑ 격려하다	**鼓励** gǔlì	구리
☑ 계단을 오르다	**上楼梯** shàng lóutī	샹 로우티
☑ 계속하다[되다]	**继续** jìxù	찌쉬
☑ 고려하다	**考虑** kǎolǜ	카오뤼

☑ 괴롭히다	欺负 qīfù	치푸
☑ 구경하다	观看 guānkàn	꾸안칸
☑ 구분하다, 나누다	区分 qūfēn	취펀
☑ 구실을 만들다	找借口 zhǎo jièkǒu	자오 지에코우
☑ 굴복하다	屈服 qūfú	취푸
☑ 굶주리다	饥饿 jī'è	찌어
☑ 권하다, 권고하다	劝告 quàngào	취엔까오
☑ 규칙적이다	有规律 yǒu guīlǜ	요우 꿰이뤼
☑ 그만두다	不做了 bù zuò le	부 쭈오 러
☑ 그치다	停 tíng	팅
☑ 기다리다	等 děng	덩
☑ 기르다	养 yǎng	양
☑ 기운을 내다	打起精神 dǎqǐ jīngshén	다치 찡션
☑ 길을 가다	走路 zǒulù	조우루

☑ 깔보다	小看 xiǎokàn	샤오칸
☑ 깨닫다	意识到 yìshídào	이스따오
☑ 깨물다, 물다	咬 yǎo	야오
☑ 꺼내다	拿出 náchū	나추
☑ 꺾다, 부러지다	折 / 折 zhé / shé	저 / 셔
☑ 꼭 닫히다	关得紧紧的 guān de jǐnjǐn de	꾸안 더 진진 더
☑ 꼼짝 않고 있다	一动不动 yídòng búdòng	이똥 부똥
☑ 꿈을 꾸다	做梦 zuò mèng	쭈오 멍
☑ 꿰매다	缝 féng	펑
☑ 끊어지다	断 duàn	뚜안
☑ 끝나다	结束 jiéshù	지에슈
☑ 끝내다	完成 wánchéng	완청
☑ 나다	起 / 发 qǐ / fā	치 / 파
☑ 날다	飞 fēi	페이

☑ 남기다, 남다	留下 liúxià	리우샤
☑ 남의 이목을 끌다	引人注目 yǐn rén zhù mù	인 런 주 무
☑ 내리다	下 xià	샤
☑ 내뱉어내다, 토하다	吐 tù	투
☑ 넓히다, 확장하다	拓宽 tuòkuān	투오콴
☑ (어느 수준을) 넘다	超过 chāoguò	차오꿔
☑ 넘어지다	摔倒 shuāidǎo	슈아이따오
☑ 노래하다	唱歌 chànggē	창꺼
☑ 녹다	化 huà	화
☑ 놀다	玩儿 wánr	왈
☑ 놓다	放 fàng	팡
☑ 눈에 띄다	显眼 xiǎnyǎn	시엔옌
☑ 눕다	躺 tǎng	탕
☑ 늘다, 증가하다	增加 zēngjiā	쩡쟈

□ 늘어놓다	摆放 bǎifàng	바이팡
□ 다가오다	靠近 kàojìn	카오진
□ 다시 하다	重新开始 chóngxīn kāishǐ	총씬 카이스
□ (문질러) 닦다	擦 cā	차
□ 닫다 / 닫히다	关 / 关着 guān / guānzhe	꾸안 / 꾸안저
□ 달리다	跑 pǎo	파오
□ 대답하다	回答 huídá	훼이다
□ 더러워지다	脏了 zāng le	짱 러
□ 데리고[가지고] 가다	带走 dài zǒu	따이 조우
□ 도망가다	逃跑 táopǎo	타오파오
□ 도움이 되다	有帮助 yǒu bāngzhù	요우 빵주
□ 돈을 갚다	还钱 huánqián	환치엔
□ 돈을 모으다	存钱 cúnqián	춘치엔
□ 돈을 벌다	赚钱 zhuànqián	쭈안치엔

☑ 돈을 빌리다	借钱 jièqián	지에치엔
☑ 돈이 궁하다	没钱 méi qián	메이 치엔
☑ 돌다	转 zhuǎn	주안
☑ 돌려주다	还 huán	환
☑ 돌아가다	回去 huíqù	훼이취
☑ 돌아가시다, 사망하다	去世 qùshì	취스
☑ 돌아오다	回来 huílái	훼이라이
☑ 되다 / 이루어지다	成为 / 实现 chéngwèi / shíxiàn	청웨이 / 쓰시엔
☑ 뒤집어쓰다	蒙上 méngshàng	멍샹
☑ 듣고 이해하다	听懂 tīngdǒng	팅동
☑ 듣다	听 tīng	팅
☑ 들리다	听得见 tīng de jiàn	팅 더 지엔
☑ (밖에서) 들어오다	进来 jìnlái	찐라이
☑ 들어올리다	举起来 jǔ qǐ lái	쥐 치 라이

☑ 들여다보다	偷看	tōukàn	토우칸
☑ 떠나다	离开 / 走	líkāi / zǒu	리카이 / 조우
☑ 떨어지다	掉下来	diàoxia lái	댜오샤 라이
☑ 떼다	揭下	jiēxià	지에샤
☑ 마개를 따다	打开盖子	dǎkāi gàizi	따카이 까이즈
☑ 마시다	喝	hē	허
☑ 마음 편히 쉬다	好好休息	hǎohāo xiūxi	하오하오 씨우시
☑ 만나다	见	jiàn	지엔
☑ 만들다	做	zuò	쭈오
☑ 만지다	摸	mō	모
☑ 말다, 감다	卷	juǎn	쥐엔
☑ 말을 걸다	搭话	dāhuà	따화
☑ 말을 하다	说话 / 说	shuōhuà / shuō	슈오화 / 슈오
☑ 말참견을 하다	插话	chāhuà	차화

☑ 말해 보다	**说说看** shuōshuō kàn	슈오슈오 칸
☑ 맞히다	**说中** shuōzhòng	슈오쫑
☑ 맡기다(위임하다)	**委托** wěituō	웨이투오
☑ 맡기다(짐 등을 보관)	**寄存** jìcún	찌춘
☑ 매다	**背** bēi	뻬이
☑ 맺다	**签定** qiāndìng	치엔띵
☑ 먹다	**吃** chī	츠
☑ 먼지가 일다	**起灰** qǐhuī	치훼이
☑ 멍하니 있다	**发呆** fādāi	파따이
☑ 모으다 / 정리하다	**收集 / 整理** shōují / zhěnglǐ	쇼우지 / 정리
☑ 모이다	**聚集在一起** jùjí zài yìqǐ	쮜지 짜이 이치
☑ 몸에 익다, 능숙하다	**熟练** shúliàn	슈리엔
☑ 묻다, 질문하다	**问** wèn	원
☑ 물이 새다	**漏水** lòushuǐ	로우쉐이

☑ 미끄러지다	滑倒 huádǎo	화따오
☑ 미치다	到达 / 到 dàodá / dào	따오다 / 따오
☑ 믿다	相信 xiāngxìn	샹씬
☑ 바뀌다	换 huàn	환
☑ 바라보다	望 wàng	왕
☑ 반대하다	反对 fǎnduì	판뛔이
☑ 반복하다	反复 fǎnfù	판푸
☑ 받다	收 shōu	쇼우
☑ (주는 것을) 받다	接收 jiēshōu	지에쇼우
☑ 받아들이다	接受 jiēshòu	지에쇼우
☑ 발을 밟다	踩脚 cǎijiǎo	차이쟈오
☑ 방해가 되다	妨碍 fáng'ài	팡아이
☑ 배신하다	背叛 bèipàn	뻬이판
☑ 배우다	学 xué	쉬에

☑ (옷을) 벗다	**脱** tuō	투오
☑ 보고 배우다	**看着学** kànzhe xué	칸저 쉬에
☑ 보다	**看** kàn	칸
☑ 보살피다, 돌보다	**照顾** zhàogù	자오꾸
☑ 보이다, 보여주다	**看见 / 给~看** kànjiàn / gěi ~kàn	칸지엔 / 게이 ~칸
☑ 부르다	**叫** jiào	쟈오
☑ 부수다	**打碎** dǎsuì	다쒜이
☑ 부족하다	**不够** búgòu	부꼬우
☑ 분발하다	**发奋** fāfèn	파펀
☑ 불평하다	**埋怨** mányuàn	만위엔
☑ 붙이다	**贴** tiē	티에
☑ 붙잡다	**抓** zhuā	주아
☑ 비교하다, 비교적	**比较** bǐjiào	비쟈오
☑ 비슷하다, 유사하다	**相似** xiāngsì	샹쓰

☑	빌려주다	借给 jiègěi	지에게이
☑	빛나다	发光 fāguāng	파꾸앙
☑	(눈부시게) 빛나다	眼花缭乱 yǎnhuā liáoluàn	옌화 랴오롼
☑	빤히 보다	瞪眼看 dèngyǎn kàn	떵옌 칸
☑	빼앗다	抢 qiǎng	치앙
☑	뽑다	拔 bá	빠
☑	사용하다	使用 shǐyòng	스용
☑	사전을 찾다	查词典 chá cídiǎn	차 츠디엔
☑	살다, 머물다	住 zhù	쭈
☑	상의하다	商量 shāngliang	샹량
☑	생각하다	想 xiǎng	샹
☑	서두르다	匆匆忙忙 cōngcōng mángmáng	총총 망망
☑	설명에 따르다	根据说明 gēnjù shuōmíng	껀쮜 슈오밍
☑	설명하다	说明 shuōmíng	슈오밍

□ 성공을 거듭하다	屢次成功 lǚcì chénggōng	뤼츠 청꽁
□ 세게 때리다	使劲打 shǐ jìn dǎ	스 찐 다
□ 세다, 셈하다	数 shǔ	슈
□ 세우다	立起来 lìqǐlái	리치라이
□ 소리가 나다	出声 chūshēng	추셩
□ 소문이 떠돌다	流言蜚语 liúyán fēiyǔ	리우옌 페이위
□ 소비하다	消费 xiāofèi	샤오페이
□ 속삭이다	耳语 ěryǔ	얼위
□ 속이다	骗 piàn	피엔
□ 손을 들다	举手 jǔshǒu	쥐쇼우
□ 손해를 보다	吃亏 chīkuī	츠퀘이
□ 수학을 가르치다	教数学 jiāo shùxué	쟈오 슈쉬에
□ 쉬다	休息 xiūxi	씨우시
□ 승낙하다	允许 yǔnxǔ	윈쉬

☑ 시간이 걸리다	**费时间** fèi shíjiān	페이 스지엔
☑ 시작되다	**开始了** kāishǐ le	카이스 러
☑ 시작하다	**开始** kāishǐ	카이스
☑ 시키다	**让 / 叫** ràng / jiào	랑 / 쟈오
☑ 시험에 떨어지다	**考不上** kǎo bú shàng	카오 부 샹
☑ 신청하다	**申请** shēnqǐng	션칭
☑ 싸우다 / 경쟁하다	**打架 / 竞争** dǎjià / jìngzhēng	따쟈 / 찡쩡
☑ 쏠리다	**倾斜** qīngxié	칭시에
☑ 쑥쑥 자라다	**长得快** zhǎng de kuài	장 더 콰이
☑ 쓰다(글씨)	**写** xiě	시에
☑ 쓰다(물건)	**用** yòng	용
☑ 쓰러지다 / 구르다	**倒下 / 打滚** dǎoxià / dǎgǔn	따오샤 / 따군
☑ 쓸모가 없다	**没用** méi yòng	메이 용
☑ 쓸 수 없게 되다	**没发儿用了** méi fār yòng le	메이 팔 용 러

☑ 씻다	洗 xǐ	씨
☑ (모르면서) 아는 체하다	不懂装懂 bù dǒng zhuāng dǒng	뿌 둥 쭈앙 둥
☑ 안다	抱 bào	빠오
☑ 앉다	坐 zuò	쭈오
☑ 알다	知道 zhīdào	쯔다오
☑ 알려지다	让人知道 ràng rén zhīdào	랑 런 쯔다오
☑ 알리다	告诉 gàosu	까오수
☑ 약속을 깨다	失约 / 毁约 shīyuē / huǐyuē	스위에 / 훼이위에
☑ 약속을 지키다	守约 shòuyuē	쇼우위에
☑ 약속하다	约定 yuēdìng	위에띵
☑ 어쩔 수 없다	没办法 méi bànfǎ	메이 빤파
☑ 얻다	得到 dédào	더따오
☑ (등에) 업히다	被背 bèibēi	뻬이뻬이

☑ 없어지다	不见了 bú jiàn le	부 지엔 러
☑ 엎드리다	蹲 dūn	뚠
☑ 연락을 취하다	联络 liánluò	리엔루오
☑ 연습하다	练习 liànxí	리엔씨
☑ (악기를) 연주하다	演奏 yǎnzòu	옌조우
☑ 열다	开 kāi	카이
☑ 열리다, 열다	开了 kāi le	카이 러
☑ 열매 맺다	结 jiē	지에
☑ 오다	来 lái	라이
☑ 용건[일]이 있다	有事情 yǒu shìqíng	요우 스칭
☑ 용서하다	原谅 yuánliàng	위엔량
☑ 우산을 쓰다	打雨伞 dǎ yǔsǎn	따 위싼
☑ 운반하다	搬运 bānyùn	빤윈
☑ 울다	哭 kū	쿠

☑ 울리다, 소리가 나다	**响** xiǎng	샹
☑ 움직이다	**动** dòng	똥
☑ 웃다	**笑** xiào	샤오
☑ 위로하다	**安慰** ānwèi	안웨이
☑ 유지하다, 지키다	**维持** wéichí	웨이츠
☑ 의논하다	**商量** shāngliang	샹량
☑ 의자에 앉다	**坐在椅子上** zuò zài yǐzi shang	쭈오 짜이 이즈 샹
☑ 이기다	**赢** yíng	잉
☑ 이동하다	**移动** yídòng	이똥
☑ 이름을 붙이다	**取名子** qǔ míngzi	취 밍즈
☑ 이야기하다, 한담하다	**聊天** liáotiān	랴오티엔
☑ 이해하다	**理解** lǐjiě	리지에
☑ 익숙해지다	**习惯了** xíguàn le	씨꾸안 러
☑ 인기를 끌다	**红** hóng	홍

☑ 일어나다	**起来** qǐlái	치라이
☑ 일어서다	**站起来** zhànqǐlái	짠치라이
☑ 일하다, 움직이다	**干活儿** gànhuór	깐훨
☑ 읽다	**念** niàn	니엔
☑ (옷을) 입다	**穿** chuān	추안
☑ 있을 수 없다	**不可能有** bù kěnéng yǒu	뿌 커넝 요우
☑ 잊다, 깜빡하다	**忘** wàng	왕
☑ 자다	**睡** shuì	쉐이
☑ 자라다, 성장하다	**长** zhǎng	장
☑ 자르다	**剪** jiǎn	지엔
☑ 자물쇠를 채우다	**锁** suǒ	쑤오
☑ 잔소리를 하다	**唠叨** lāodao	라오따오
☑ 잘되어 가다	**顺利** shùnlì	쉰리
☑ 잠들다	**入睡** rùshuì	루쉐이

☑ 잡아끌다	拉扯 lāchě	라처
☑ 재다	量 liáng	량
☑ 적시다	弄湿 nòngshī	농스
☑ 점차 줄어들다	越来越少 yuè lái yuè shǎo	위에 라이 위에 샤오
☑ 접다	叠 dié	디에
☑ 정리하다	收拾 shōushi	쇼우스
☑ 정확하다	正确 zhèngquè	쩡취에
☑ 젖다	湿 shī	스
☑ 조사하다	调查 diàochá	댜오차
☑ 조심하다	小心 xiǎoxīn	샤오씬
☑ 졸다, 졸리다	困 kùn	쿤
☑ 주다, ~해주다	给 gěi	게이
☑ 죽다	死 sǐ	쓰
☑ 죽이다	弄死 nòngsǐ	농쓰

준비하다	**准备** zhǔnbèi	준뻬이
줄다, 감소하다	**减少** jiǎnshǎo	지엔샤오
즐기다	**享受** xiǎngshòu	샹쇼우
(시간이) 지나다, 경과하다	**过 / 超过** guò / chāoguò	궈 / 차오궈
(게임 · 승부에) 지다	**输** shū	슈
지불하다	**付** fù	푸
지키다	**遵守** zūnshòu	쭌쇼우
(건물을) 짓다	**盖** gài	까이
(노로 배를) 젓다	**划** huá	화
찢다 / 깨다	**撕 / 碎** sī / suì	쓰 / 쒜이
차다	**踢** tī	티
착용하다	**戴** dài	따이
찬성하다	**赞成** zànchéng	짠청

	한국어	中文	발음
☑	참가하다	参加 cānjiā	찬쟈
☑	찾다	找 zhǎo	쟈오
☑	찾아내다	找出来 zhǎochūlái	쟈오추라이
☑	채우다	填 tián	티엔
☑	채이다, 퇴짜맞다	被甩 bèishuǎi	뻬이슈아이
☑	처리하다	处理 chǔlǐ	추리
☑	체험하다	体验 tǐyàn	티엔
☑	추측하다	猜测 cāicè	차이처
☑	출발하다	出发 chūfā	추파
☑	춤추다	跳舞 tiàowǔ	탸오우
☑	취급하다	对待 duìdài	뛔이따이
☑	치다, 때리다	打 dǎ	따
☑	칭찬받다	受到表扬 shòudào biǎoyáng	쇼우다오 뱌오양
☑	태어나다	出生 chūshēng	추셩

☑ 태우다	**烧** shāo	샤오
☑ 통하다	**相通** xiāngtōng	샹통
☑ 팔짱 낌	**抄手** chāoshǒu	차오쇼우
☑ 표를 사다	**买票** mǎipiào	마이퍄오
☑ 피곤해지다	**累了** lèi le	레이 러
☑ 피하다	**回避** huíbì	훼이삐
☑ 하다	**做** zuò	쭈오
☑ 한가롭게 지내다	**过得悠闲自在** guò de yōuxián zìzài	궈 더 요우시엔 쯔짜이
☑ 할 리가 없다	**不会** bú huì	부 훼이
☑ 할 수 있다	**能** néng	넝
☑ (실력이) 향상되다, 진보하다	**进步** jìnbù	찐뿌
☑ 혼나다, 야단맞다	**挨骂** áimà	아이마
☑ 혼란하다, 혼잡하다	**混乱** hùnluàn	훈롼

☑ 혼자말하다	**自言自语** zìyán zìyǔ	쯔옌 쯔위
☑ 화해하다	**和好** héhǎo	허하오
☑ 확인하다	**确认** quèrèn	취에런
☑ 회상(하다)	**回想** huíxiǎng	훼이샹
☑ 흉내내다	**效仿** xiǎofǎng	샤오팡
☑ 흐르다	**流 / 学** liú / xué	리우 / 쉬에

☑ 갈색	**褐色** hěsè	허써
☑ 검정	**黑色** hēisè	헤이써
☑ 금색	**金色** jīnsè	찐써
☑ 남색, 파랑색	**蓝色** lánsè	란써
☑ 노랑색	**黄色** huángsè	황써
☑ 녹색	**绿色** lǜsè	뤼써
☑ 배색	**配色** pèisè	페이써
☑ 베이지색	**米黄色** mǐhuángsè	미황써
☑ 보색	**补色** bǔsè	뿌써
☑ 빨강	**红色** hóngsè	홍써
☑ 새빨강	**鲜红色** xiānhóngsè	시엔홍써
☑ 새하양	**雪白色** xuěbáisè	쉬에바이써
☑ 색깔, 색	**颜色** yánsè	옌써

	한국어	중국어	발음
☑	암갈색	深褐色 shēnhèsè	션허써
☑	옅은 색	浅色 qiǎnsè	치엔써
☑	오렌지색	橘黄色 júhuángsè	쥐황써
☑	원색	原色 yuánsè	위엔써
☑	은색	银色 yínsè	인써
☑	자주색	紫色 zǐsè	쯔써
☑	주홍색	朱红色 zhūhóngsè	쭈홍써
☑	짙은 색	深颜色 shēnyánsè	션옌써
☑	짙은 파랑	深蓝色 shēnlánsè	션란써
☑	초록색	草绿色 cǎolǜsè	차오뤼써
☑	핑크색	粉色 fěnsè	펀써
☑	황금색	金黄色 jīnhuángsè	찐황써
☑	회색	灰色 huīsè	훼이써
☑	흰색	白色 báisè	바이써

☑ 가깝다	近 jìn	찐
☑ 가늘다	细 xì	씨
☑ 가볍다	轻 qīng	칭
☑ 간단하다	简单 jiǎndān	지엔딴
☑ 강력하다	有力 yǒulì	요우리
☑ 강하다	强 qiáng	치앙
☑ 같다	一样 yíyàng	이양
☑ 굵다	粗 cū	추
☑ 길다	长 cháng	창
☑ 깊다	深 shēn	션
☑ 깨끗하다	干净 gānjìng	깐징
☑ 나쁘다	坏 huài	화이
☑ 낮다	低 dī	띠

☑ 넓다	宽	kuān	콴
☑ 높다	高	gāo	까오
☑ 다르다	不一样	bù yíyàng	뿌 이양
☑ 더럽다	脏	zāng	짱
☑ 독특하다	特别	tèbié	터비에
☑ 두껍다	厚	hòu	호우
☑ 둥글다	圆	yuán	위엔
☑ 딱딱하다	硬	yìng	잉
☑ 많다	多	duō	뚜오
☑ 매끈매끈하다	滑溜	huáliu	화리우
☑ 멀다	远	yuǎn	위엔
☑ 무겁다	重	zhòng	쫑
☑ 무게	重量	zhòngliàng	쫑량
☑ 반, 절반	一半	yībàn	이빤

☑ 밝다	**亮** liàng	량
☑ 복잡하다	**复杂** fùzá	푸자
☑ 부드럽다	**软** ruǎn	롼
☑ 불편하다	**不方便** bù fāngbiàn	뿌 팡비엔
☑ 빠르다	**快** kuài	콰이
☑ 뾰족하다	**尖** jiǎn	지엔
☑ 사각	**四方** sìfāng	쓰팡
☑ 사각형	**四方形** sìfāngxíng	쓰팡씽
☑ 산뜻하다	**爽快** shuǎngkuài	슈앙콰이
☑ 삼각	**三角** sānjiǎo	싼쟈오
☑ 삼각형	**三角形** sānjiǎoxíng	산쟈오씽
☑ 상세하다	**详细** xiángxì	샹씨
☑ 새롭다	**新鲜** xīnxiān	씬시엔
☑ 수수하다, 순박하다	**纯朴** chúnpǔ	춘푸

☑	쉽다	**容易** róngyì	롱이
☑	아름답다	**好看** hǎokàn	하오칸
☑	안전하다	**安全** ānquán	안취엔
☑	얇다	**薄** báo	바오
☑	약하다	**弱** ruò	루오
☑	양	**量** liàng	량
☑	얕다	**浅** qiǎn	치엔
☑	어둡다	**暗** àn	안
☑	어렵다	**难** nán	난
☑	예쁘다	**漂亮** piàoliang	퍄오량
☑	오래되다, 낡다	**旧** jiù	지우
☑	온도	**温度** wēndù	원뚜
☑	위험하다	**危险** wēixiǎn	웨이시엔
☑	이상	**以上** yǐshàng	이샹

▱ 이하	**以下** yǐxià	이샤
▱ 작다	**小** xiǎo	샤오
▱ 적다	**少** shǎo	샤오
▱ 좁다	**窄** zhǎi	자이
▱ 좋다	**好** hǎo	하오
▱ 지저분하다	**脏** zāng	짱
▱ 짧다	**短** duǎn	두안
▱ 차다	**凉** liáng	량
▱ 추하다, 보기 흉하다	**丑** chǒu	초우
▱ 캄캄하다	**黑** hēi	헤이
▱ 쾌적하다	**舒适** shūshì	슈스
▱ 크다	**大** dà	따
▱ 편리하다	**方便** fāngbiàn	팡비엔
▱ 편안하다	**舒服** shūfu	슈푸

☑ 폭	**幅度** fúdù	푸뚜
☑ 품위가 없다	**没有风度** méiyǒu fēngdù	메이요우 펑뚜
☑ 품위가 있다	**有风度** yǒu fēngdù	요우 펑뚜
☑ 훌륭하다	**优秀** yōuxiù	요우시우

가로로, 옆으로	横着 héngzhe	헝저
거기	那儿 / 那里 nàr / nàlǐ	날 / 나리
건너, 너머, 반대편	对面 / 对过儿 duìmiàn / duìguòr	뛔이미엔 / 뛔이궐
~뒤에	~后边 ~hòubian	~호우비엔
모퉁이, 귀퉁이	角落 jiǎoluò	쟈오루오
바닥	地面 dìmiàn	띠미엔
밖에	外边 wàibian	와이비엔
~아래에	~下边 ~xiàbian	~샤비엔
~안에	~里边 ~lǐbian	~리비엔
~앞에	~前边 ~qiánbian	~치엔비엔
어느쪽	哪边 nǎbiān	나비엔
어디	哪儿 / 哪里 nǎr / nǎlǐ	날 / 나리
어디에나	到处 dàochù	따오추

☑ 어딘가	总有一处 zǒng yǒu yì chù	종 요우 이 추
☑ 여기	这儿 zhèr	쩔
☑ ~옆에(이웃에서)	~隔壁 ~gébì	~꺼비
☑ ~(바로) 옆에	~旁边 ~pángbiān	~팡비엔
☑ 오른쪽에	右边 yòubian	요우비엔
☑ …와 ~사이에	…和~中间 …hé ~zhōngjiān	…허 ~쫑지엔
☑ 왼쪽에	左边 zuǒbian	주오비엔
☑ ~위에	~上边 ~shàngbian	~샹비엔
☑ 위치	位置 wèizhǐ	웨이즈
☑ 이쪽, 여기	这边 zhèbian	쩌비엔
☑ 저쪽, 그쪽, 저기	那边 nàbiān	나비엔
☑ ~정면으로	~对面 ~duìmiàn	~뛔이미엔
☑ 좌우	左右 zuǒyòu	주오요우
☑ 중앙	中间 zhōngjiān	쭝지엔

방향	方向 fāngxiàng	팡샹
동쪽	东边 dōngbian	똥비엔
서쪽	西边 xībian	시비엔
남쪽	南边 nánbian	난비엔
북쪽	北边 běibian	베이비엔
동부	东部 dōngbù	똥뿌
서부	西部 xībù	씨뿌
남부	南部 nánbù	난뿌
북부	北部 běibù	베이뿌
북동	东北 dōngběi	똥베이
북서	西北 xīběi	씨베이
남동	东南 dōngnán	똥난
남서	西南 xīnán	씨난
동서남북	东南西北 dōng nán xī běi	똥 난 씨 베이

□ 그, 그 사람	他 tā	타
□ 그것(동식물, 물건)	它 tā	타
□ 그녀	她 tā	타
□ 그들은	他们 tāmen	타먼
□ 그런, 그렇게, 저렇게	那样 nàyàng	나양
□ 나	我 wǒ	워
□ 나와	跟我 gēn wǒ	껀 워
□ 내게	给我 gěi wǒ	게이 워
□ 누가, 누구	谁 shéi	셰이
□ 당신	你 nǐ	니
□ 당신(존칭)	您 nín	닌
□ 많은 사람, 여럿	一些人 yìxiērén	이시에런
□ 무엇, 어떤, 무슨	什么 shénme	션머

☑	어느	哪 nǎ	나
☑	어느 것, 어떤	哪个 nǎ ge	나 거
☑	어느 정도	什么程度 shénme chéngdù	션머 청뚜
☑	여러분	大家 dàjiā	따쟈
☑	우리들	我们 wǒmen	워먼
☑	이	这 zhè	쩌
☑	이것	这个 zhè ge	쩌 거
☑	이것저것	这个那个 zhè ge nà ge	쩌 거 나 거
☑	이런	这样 zhèyàng	쩌양
☑	이만큼	这么点 zhèmediǎn	쩌머디엔
☑	이 정도	这个程度 zhè ge chéngdù	쩌 거 청뚜
☑	자기	自己 zìjǐ	쯔지
☑	저, 그, 그러면	那 nà	나
☑	저것	那个 nà ge	나거

☑ 가라오케	**卡拉OK** kālá OK	카라 오케이
☑ 감상	**欣赏** xīnshǎng	신샹
☑ 검도	**剑术** jiànshù	찌엔슈
☑ 경기, 시합	**比赛** bǐsài	비싸이
☑ 경마	**赛马** sàimǎ	싸이마
☑ 골프	**高尔夫** gāo'ěrfū	까오얼푸
☑ 권투	**拳击** quánjī	취엔지
☑ (그림을) 그리다	**画** huà	화
☑ 그림	**画儿** huār	활
☑ 꽃꽂이	**插花** chāhuā	차화
☑ 낚시	**钓鱼** diǎoyǔ	댜오위
☑ 노래	**歌儿** gēr	껄
☑ 농구	**篮球** lánqiú	란치우

☑ 다도	茶道 chádào	차따오
☑ 당구	台球 táiqiú	타이치우
☑ 독서	看书 kànshū	칸슈
☑ 드라이브	开车兜风 kāi chē dōufēng	카이 처 또우펑
☑ 등산	爬山 pá shān	파 샨
☑ 뜨개질	织毛衣 zhī mǎoyī	쯔 마오이
☑ 레슬링	摔交 shuāijiāo	슈아이쟈오
☑ 마라톤	马拉松 mǎlāsōng	마라쏭
☑ 뮤지컬	音乐片 yīnyuèpiān	인위에피엔
☑ 바둑	围棋 wéiqí	웨이치
☑ 발레	芭蕾 bāléi	빠레이
☑ 배구	排球 páiqiú	파이치우
☑ 배드민턴	羽毛球 yǔmáoqiú	위마오치우
☑ 볼링	保龄球 bǎolíngqiú	바오링치우

☑ 사격	射击	shèjī	셔찌
☑ 사이클링	骑车比赛	qíchē bǐsài	치처 비싸이
☑ 사진	照片	zhàopiàn	쟈오피엔
☑ 산에 오르다	上山	shàngshān	샹샨
☑ 산책	散步	sànbù	싼뿌
☑ 서예	书法	shūfǎ	슈파
☑ 수영(하다)	游泳	yóuyǒng	요우용
☑ 수집	搜集	sōují	쏘우지
☑ 탁구	乒乓球	pīngpāngqiú	핑팡치우
☑ 스케이트	滑冰	huábīng	화삥
☑ 스키	滑雪	huáxuě	화쉬에
☑ 스포츠, 체육	体育	tǐyù	티위
☑ 승마	骑马	qímǎ	치마
☑ 야구	棒球	bàngqiú	빵치우

	한국어	中文	발음
☑	양궁	射箭 shèjiàn	셔지엔
☑	여가	闲暇 xiánxiá	시엔시아
☑	여행	旅行 lǚxíng	뤼싱
☑	연극	演戏 yǎnxì	옌시
☑	연주회	演奏会 yǎnzòuhuì	옌쪼우훼이
☑	영화	电影 diànyǐng	띠엔잉
☑	예술	艺术 yìshù	이슈
☑	오페라	歌剧 gējù	꺼쮜
☑	외국어	外国语 wàiguóyǔ	와이궈위
☑	용선 경기	赛龙船 sài lóngchuán	싸이 롱촨
☑	운동	运动 yùndòng	윈똥
☑	유도	柔道 róudào	로우따오
☑	음악	音乐 yīnyuè	인위에
☑	음악회	音乐会 yīnyuèhuì	인위에훼이

☑ 재즈	**爵士乐** juéshìyuè	쮀에스위에
☑ 조깅	**跑步** pǎobù	파오뿌
☑ 줄넘기	**跳绳** tiàoshéng	탸오셩
☑ 체조	**体操** tǐcāo	티차오
☑ 축구	**足球** zúqiú	주치우
☑ 취미	**爱好** àihào	아이하오
☑ 클래식	**古典音乐** gǔdiǎn yīnyuè	구디엔 인위에
☑ 태권도	**跆拳道** táiquándào	타이취엔따오
☑ 태극권	**太极拳** tàijíquán	타이지취엔
☑ 테니스	**网球** wǎngqiú	왕치우
☑ 테니스장	**网球场** wǎngqiúchǎng	왕치우창
☑ 피아노	**钢琴** gāngqín	깡친
☑ 하이킹, 도보여행	**徒步旅行** túbù lǚxíng	투뿌 뤼씽

내용물	里面的物品 lǐmiàn de wùpǐn	리미엔 더 우핀
답신, 답장	回信 huíxìn	훼이씬
동봉하다	封在一起 fēng zài yìqǐ	펑 짜이 이치
등기우편	快件 kuàijiàn	콰이지엔
받는 사람	收件人 shōujiànrén	쇼우지엔런
발송	发送 fāsòng	파쏭
보내는 사람	发件人 fājiànrén	파지엔런
보통우편	慢件 mànjiàn	만지엔
봉투	信封 xìnfēng	씬펑
비용이 들다	需要钱 xūyàoqián	쉬야오치엔
선편	船件 chuánjiàn	추안지엔
소액우편환	少量邮箱 shǎoliáng yóuxiāng	샤오량 요우샹
소인	注销图章 zùxiāo túzhāng	주샤오 투장

☑ 소포	**包裹** bāoguǒ	빠오궈
☑ 속달	**快递** kuàidì	콰이띠
☑ 송달	**送递** sòngdì	쏭띠
☑ 수신인명	**收信人姓名** shōuxìnrén xìngmíng	쇼우씬런 씽밍
☑ 수취	**收取** shōuqǔ	쇼우취
☑ 엽서	**卡片** kǎpiàn	카피엔
☑ 우체국	**邮局** yóujú	요우쥐
☑ 우체통	**邮筒** yóutǒng	요우통
☑ 우편번호	**邮政编码** yóuzhèng biānmǎ	요우쩡 비엔마
☑ 우편요금	**邮费** yóufèi	요우페이
☑ 우표	**邮票** yóupiào	요우퍄오
☑ 우표를 붙이다	**贴邮票** tiē yóupiào	티에 요우퍄오
☑ 전보	**电报** diànbào	띠엔빠오
☑ 전보를 치다	**打电报** dǎ diànbào	다 띠엔빠오

주소	地址 dìzhǐ	띠즈
편지	信 xìn	씬
편지가 오다	来信 láixìn	라이씬
편지를 보내다	发信 fāxìn	파씬
편지지	信纸 xìnzhǐ	씬즈
포장지	包装纸 bāozhuāngzhǐ	빠오주앙즈
포장하다	包装 bāozhuāng	빠오주앙
항공우편	航空邮件 hángkòng yóujiàn	항콩 요우지엔

한국에 전보를 치고 싶습니다.

我想往韩国打电报。
Wǒ xiǎng wǎng Hánguó dǎ diànbào.
워 샹 왕 한궈 다 띠엔빠오

선편입니까, 항공편입니까?

是船件还是航空件?
Shì chuánjiǎn háishì hángkōngjiàn?
스 촨지엔 하이스 항콩지엔?

제 마음의 표시입니다.

表示我的心意。
Biǎoshì wǒ de xīnyì.
뱌오스 워 더 씬이

☑ 간호사	**护士** hùshi	후스
☑ 감기	**感冒** gǎnmào	간마오
☑ 감기에 걸리다	**得感冒了** dé gǎnmào le	더 간마오 러
☑ 건강	**健康** jiǎnkāng	지엔캉
☑ 견통	**肩痛** jiāntòng	지엔통
☑ 고열	**高烧** gāoshāo	까오샤오
☑ 골절	**骨折** gǔzhé	구저
☑ 과로	**过度劳累** guòdù láolèi	궈뚜 라오레이
☑ 구급차	**救护车** jiùhùchē	지우후처
☑ 구역질, 구토(하다)	**呕吐** ǒutǔ	오우투
☑ 기침이 나다	**咳嗽** késou	커쏘우
☑ 낫다	**好了** hǎo le	하오 러
☑ 내과	**内科** nèikē	네이커

☑ 다치다 | 撞伤 zhuàngshāng | 주앙샹

☑ 두드러기 | 起疙瘩 qǐ gēda | 치 꺼다

☑ 맥박 | 脉搏 màibó | 마이보

☑ 무좀 | 脚气 jiǎoqì | 쟈오치

☑ 물약 | 药水 yàoshuǐ | 야오쉐이

☑ 바르는 약 | 药膏 yàogāo | 야오까오

☑ 반창고 | 橡皮膏 xiàngpígāo | 샹피까오

☑ 발작 | 发作 fāzuò | 파쭈오

☑ 발한 | 发寒 fāhán | 파한

☑ 변비 | 便秘 biànmì | 삐엔미

☑ 변비약 | 便秘药 biànmìyào | 삐엔미야오

☑ 병 | 疾病 jíbìng | 지삥

☑ 병나다 | 生病 shēngbìng | 셩삥

☑ 병문안 | 看病人 kàn bìngrén | 칸 삥런

☑	병문안을 가다	**去看病人** qù kàn bìngrén	취 칸 삥런
☑	병실	**病房** bìngfáng	삥팡
☑	병원	**医院** yīyuàn	이위엔
☑	병을 고치다	**治病** zhìbìng	쯔삥
☑	보험증	**保险证** bǎoxiǎnzhèng	바오시엔쩡
☑	복통	**肚子疼** dùzi téng	뚜즈 텅
☑	부작용	**副作用** fùzuòyòng	푸쭈오용
☑	불면증	**失眠** shīmián	스미엔
☑	붕대	**绷带** bēngdài	뻥따이
☑	빈혈	**贫血** pínxiě	핀시에
☑	사망	**死亡** sǐwáng	쓰왕
☑	상처	**伤口** shāngkǒu	샹코우
☑	생리통	**月经痛** yuèjīngtòng	위에찡통
☑	생명	**生命** shēngmìng	셩밍

☑ 설사하다	**拉肚子** lādùzi	라뚜즈
☑ 설사약	**腹泻药** fùxièyào	푸시에야오
☑ 소아과	**小儿科** xiǎo'érkē	샤오얼커
☑ 소화불량	**消化不良** xiāohuà bùliáng	샤오화 뿌량
☑ 수면제	**睡眠药** shuìmiányào	쉐이미엔야오
☑ 수술	**手术** shǒushù	쇼우슈
☑ 식욕이 없다	**没食欲** méishíyù	메이스위
☑ 아스피린	**阿斯匹林** asīpīlín	아쓰피린
☑ 안과	**眼科** yǎnkē	옌커
☑ 알레르기	**过敏症** guòmǐnzhèng	꿔민쩡
☑ 암	**癌** āi	아이
☑ 약	**药** yào	야오
☑ 약을 먹다	**吃药** chī yào	츠 야오
☑ 엑스레이를 찍다	**做透视** zuò tòushì	쭈오 토우스

☑ 열이 나다	**发烧** fāshāo	파샤오
☑ 외과	**外科** wàikē	와이커
☑ 욱신욱신	**酸痛** suāntòng	쑤안통
☑ 응급처치	**急救措施** jíjiù cuòshī	지지우 추오스
☑ 의료보험	**医疗保险** yīliáo bǎoxiǎn	이랴오 바오시엔
☑ 의사	**大夫 / 医生** dàifu / yīshēng	따이푸 / 이셩
☑ 이비인후과	**耳鼻咽喉科** ěrbíyānhóukē	얼비옌호우커
☑ 입원	**住院** zhùyuàn	쭈위엔
☑ 재채기	**喷嚏** pēnti	펀티
☑ 저혈압	**低血压** dīxuèyā	띠쉬에야
☑ 접수 / 접수처	**挂号 / 挂号处** guàhào / guàhàochù	꽈하오 / 꽈하오추
☑ 정제	**配药** pèiyào	페이야오
☑ 정형외과	**整形外科** zhěngxíngwàikē	쩡싱와이커
☑ 주사놓다	**打针** dǎ zhēn	다 쩐

☑ 중상	**重伤** zhòngshāng	쫑샹
☑ 증상	**症状** zhèngzhuàng	쩡주앙
☑ 진단서	**诊断书** zhěnduànshū	쩐두안슈
☑ 진찰실	**诊室** zhěnshì	쩐스
☑ 진찰하다	**看病** kàn bìng	칸 삥
☑ 처방전	**药方** yàofāng	야오팡
☑ 천식	**哮喘** xiàochuǎn	샤오추안
☑ 체온	**体温** tǐwēn	티원
☑ 체중	**体重** tǐzhòng	티쫑
☑ 초진	**初诊** chūzhěn	추쩐
☑ 출혈	**出血** chūxiě	추시에
☑ 충치	**虫牙** chóngyá	총야
☑ 치과	**牙科** yákē	야커
☑ 치과의사	**牙科大夫** yákē dàifu	야커 따이푸

☑ 치료	**治疗** zhìliáo	쯔랴오
☑ 치통	**牙痛** yátòng	야통
☑ 콧물	**鼻涕** bítì	비티
☑ 통증	**痛症** tòngzhèng	통쩡
☑ 퇴원	**出院** chūyuàn	추위엔
☑ 피로	**疲劳** píláo	피라오
☑ 한기	**寒气** hánqì	한치
☑ 항생물질	**抗生素** kàngshēngsù	캉성쑤
☑ 현기증	**头晕** tóuyūn	토우윈
☑ 혈압	**血压** xuèyā	쉬에야
☑ 혈액형	**血型** xuèxíng	쉬에씽
☑ 호흡	**呼吸** hūxī	후씨
☑ 홍역	**血红热** xuèhóngrè	쉬에훙러
☑ 화상	**火伤** huǒshāng	훠상

☑ 환자 — 病人 **bìngrén** — 삥런

☑ 회복(하다) — 恢复 **huīfù** — 훼이푸

☑ 흉터 — 疤痕 **bāhén** — 빠헌

☑ 감기가 말끔히 나았습니다. — 感冒好了。 **Gǎnmào hǎo le.** — 간마오 하오 러

感冒全好了。 **Gǎnmào quán hǎo le.** — 간마오 취엔 하오 러

☑ 구급차를 불러주세요. — 请叫救护车。 **Qǐng jiào jiùhùchē.** — 칭 쟈오 지우후처

☑ 몸이 안 좋습니다. — 身体不好。 **Shēntǐ bù hǎo.** — 션티 뿌 하오

☑ 경찰	**警察** jǐngchá	징차
☑ 교통사고	**交通事故** jiāotōng shìgù	쟈오통 스꾸
☑ 단속, 검사	**检查** jiǎnchá	지엔차
☑ 도난당하다	**被偷了** bèi tōu le	뻬이 토우 러
☑ 도난증명서	**被偷证明** bèi tōu zhèngmíng	뻬이 토우 쩡밍
☑ 도둑	**小偷** xiǎotōu	샤오토우
☑ 목격자	**见证人** jiànzhèngrén	지엔쩡런
☑ 벌금	**罚款** fákuǎn	파콴
☑ 범인	**犯人** fànrén	판런
☑ 범인을 잡다	**抓犯人** zhuā fànrén	주와 판런
☑ 범죄	**犯罪** fàn zuì	판 쭈에이
☑ 사고	**事故** shìgù	스꾸
☑ 사고증명서	**事故证明书** shìgù zhèngmíngshū	스꾸 쩡밍슈

☑ 살인	**杀人** shārén	샤런
☑ 소매치기	**扒手** páshǒu	파쇼우
☑ 순경 / 경찰	**巡警 / 警察** xúnjǐng / jǐngchá	쉰징 / 칭차
☑ 용의자	**嫌疑犯** xiányífàn	시엔이판
☑ 전복	**颠覆** diānfù	띠엔푸
☑ 조사(하다)	**调查** diàochá	댜오차
☑ 죄	**罪** zuì	쭈에이
☑ 체포	**逮捕** dàibǔ	따이뿌
☑ 침입	**侵入** qīnrù	친루
☑ 파출소	**派出所** pàichūsuǒ	파이추쑤오
☑ 폭력	**暴力** bàolì	빠오리
☑ 피해자	**被害人** bèihàirén	뻬이하이런
☑ 행방	**去向 / 下落** qùxiǎng / xiàluò	취샹 / 샤루오
☑ 행방불명	**下落不明** xià luò bù míng	샤 루오 뿌 밍

☑ 협박

威胁　　　웨이시에
wēixié

☑ 훔치다

偷　　　토우
tōu

☑ 살려주세요!

救命!　　　지우밍
Jiùmìng!

☑ 백을 도둑맞았어요.

包儿被人偷走了。
Bāor bèi rén tōu zǒu le.
빠올 뻬이 런 토우 조우 러

☑ 지갑을 소매치기 당
했어요.

钱包被人偷走了。
Qiánbāo bèi rén tōu zǒu le.
치엔빠오 뻬이 런 토우 조우 러

☑ 한국대사관에 연락을
부탁합니다.

委托韩国大使馆联络。
Wěituō Hánguó dàshǐguǎn liánluò
웨이투오 한궈 따스관 리엔루오

제3부

경제 · 비즈니스 관련 어휘

1. 경제
2. 회사생활 · 조직
3. 비즈니스
4. 산업
5. 직업

☑ 가망성	**可能性** kěnéngxìng	커넝씽
☑ 경기	**经济景况** jīngjì jǐngkuàng	찡지 징쾅
☑ 경기가 나쁘다	**经济不景气** jīngjì bù jǐngqì	찡지 뿌 징치
☑ 경기가 좋다	**经济景气** jīngjì jǐngqì	찡지 징치
☑ 경비	**经费** jīngfèi	찡페이
☑ 경상이익	**经济利益** jīngjì lìyì	찡지 리이
☑ 경영, 운영	**经营** jīngyíng	찡잉
☑ 경제	**经济** jīngjì	찡지
☑ 계획	**计划** jìhuà	찌화
☑ 국채	**国债** guózhài	궈자이
☑ 기업	**企业** qǐyè	치예
☑ 기한	**期限** qīxiàn	치시엔
☑ 단기	**短期** duǎnqī	뚜안치

☑ 대금, 대부	**贷款** dàikuǎn	따이콴
☑ 도매	**批发** pīfā	피파
☑ 도입하다	**引进** yǐnjìn	인찐
☑ 매진	**卖完** màiwán	마이완
☑ 매출	**卖出的金额** màichū de jīn'é	마이추 더 찐어
☑ 목표	**目标** mùbiāo	무뱌오
☑ 무역	**贸易** màoyì	마오이
☑ 물가가 높다	**物价很贵** wùjià hěn guì	우쟈 헌 꿰이
☑ 물가가 오르다	**升涨** shēngzhǎng	셩장
☑ 바겐세일	**大减价** dà jiǎnjià	따 지엔쟈
☑ 보험회사	**保险公司** bǎoxiǎn gōngsī	바오시엔 꿍쓰
☑ 불경기	**不景气** bù jǐngqì	뿌 징치
☑ 불황	**萧条** xiāotiáo	샤오탸오
☑ 비용	**费用** fèiyòng	페이용

☑ 상반기	上半年 shàng bàn nián	샹 빤 니엔
☑ 선전	宣传 xuānchuán	쉬엔추안
☑ 소매	零售 língshòu	링쇼우
☑ 손익	纯利润 chúnlìrùn	춘리룬
☑ 손해	亏损 kuīsǔn	퀘이순
☑ 수입	收入 shōurù	쇼우루
☑ 수지	收支 shōuzhī	쇼우쯔
☑ 수출	出口 chūkǒu	추코우
☑ 신용	信用 xìnyòng	신용
☑ 업계	企业界 qǐyèjiè	치예지에
☑ 영업	营业 yíngyè	잉예
☑ 예산	预算 yùsuàn	위쑤안
☑ 원가	成本 chéngběn	청번
☑ 원금	本钱 běnqián	번치엔

☑ 원조	**老字号** lǎozìhào	라오쯔하오
☑ 위축되다	**萎缩** wěisuō	웨이쑤오
☑ 이익	**利益** lìyì	리이
☑ 자금	**资金** zījīn	쯔찐
☑ 자금변통	**筹措资金** chóucuò zījīn	초우추오 쯔찐
☑ 자료	**资料** zīliào	쯔랴오
☑ 자본	**资本** zīběn	쯔번
☑ 장기	**长期** chángqī	창치
☑ 적자(무역)	**逆差** nìchā	니차
☑ 전망	**前景** qiánjǐng	치엔징
☑ 제휴	**合作** hézuò	허쭈오
☑ 주식	**股份** gǔfèn	구펀
☑ 주주	**股东** gǔdōng	구똥
☑ 증권회사	**股份公司** gǔfèn gōngsī	구펀 꽁쓰

☑ 지출	**支出** zhīchū	즈추
☑ 진출, 진입하다	**进入** jìnrù	찐루
☑ 차관	**借款** jièkuǎn	지에콴
☑ 차용증	**借款单** jièkuǎndān	지에콴딴
☑ 창립	**创办** chuàngbān	추앙빤
☑ 채무	**债务** zhàiwù	짜이우
☑ 첨단	**尖端** jiānduān	지엔두안
☑ 하반기	**下半年** xià bànnián	샤 빤니엔
☑ 협의를 하다	**商定** shāngdìng	샹띵
☑ 흑자	**顺差** shùnchā	쉰차

(1) 회사생활

감원(인원 삭감)	裁员 cáiyuán	차이위엔
고용, 채용(하다)	雇用 gùyòng	꾸용
공제하다	扣除 kòuchú	코우추
공채	招聘 zhāopìn	자오핀
관리직	管理工作 guǎnlǐ gōngzuò	관리 꽁쭈오
규모가 큰 회사	大公司 dà gōngsī	따 꽁쓰
근무처	工作单位 gōngzuò dānwèi	꽁쭈오 딴웨이
근무하는 부서	工作部门 gōngzuò bùmén	꽁쭈오 뿌먼
금융회사	金融公司 jīnróng gōngsī	찐롱 꽁쓰
급료	工资 gōngzī	꽁쯔
급한 용건[안건]	急事 jíshì	지스
급한 용무	紧急事宜 jǐnjí shìyí	진지 스이

☑ 노동조합	**劳动联盟** láodòng liánméng	라오똥 리엔멍
☑ 단신부임	**只身赴任** zhǐshēn fùrèn	즈션 푸런
☑ 담당자	**负责人** fùzérén	푸저런
☑ 대기업	**大企业** dàqǐyè	따치예
☑ 마감, 마감날짜	**截止日期** jiézhǐ rìqī	지에즈 르치
☑ 명함	**名片** míngpiàn	밍피엔
☑ 본사	**总公司** zǒnggōngsī	종꽁쓰
☑ 부임	**上任** shàngrèn	샹런
☑ 부하직원	**下属职员** xiàshǔ zhíyuán	샤슈 즈위엔
☑ 비서	**秘书** mìshū	미슈
☑ 사무소	**办公室** bàngōngshì	빤꽁스
☑ 사표	**辞职书** cízhíshū	츠즈슈
☑ 사표를 내다	**交辞职书** jiāo cízhíshū	쟈오 츠즈슈
☑ 상사	**上司** shàngsī	샹쓰

☑ 서류	文件 wénjiàn	원지엔
☑ 수당	酬劳 / 补助金 chóuláo / bǔzhùjīn	초우라오 / 뿌주찐
☑ 승진	晋升 jìnshēng	찐셩
☑ 신입사원	新职员 xīn zhíyuán	씬 즈위엔
☑ 업무상	公事 gōngshì	꽁스
☑ 역사가 짧은 회사	刚成立不久的公司 gāng chénglì bùjiǔ de gōngsī 깡 청리 뿌지우 더 꽁쓰	
☑ 연수, 사내 교육	在职培训 zài zhípéixùn	짜이 즈페이쉰
☑ 연줄 / 연고	门路 / 关系 ménlù / guānxì	먼루 / 꾸안씨
☑ 외근	外勤 wàiqín	와이친
☑ 우리 회사	我们公司 wǒmen gōngsī	워먼 꽁쓰
☑ 유급휴가	留薪休假 liúxīn xiūjià	리우씬 시우쟈
☑ 유한회사	有限公司 yǒuxiàn gōngsī	요우시엔 꽁쓰
☑ 이력서	履历书 lǚlìshū	뤼리슈

☑ 일, 업무	**业务** yèwù	예우
☑ 일손부족	**人手不足** rénshǒu bùzú	런쇼우 뿌주
☑ 일을 정리하다	**整理事情** zhěnglǐ shìqíng	정리 스칭
☑ 일하러 가다	**去做事** qù zuòshì	취 쭈오스
☑ 임원	**高级职员** gāojí zhíyuán	까오지 즈위엔
☑ 작업중	**在工作** zài gōngzuò	짜이 꽁쭈오
☑ 전근	**调动** diàodòng	댜오똥
☑ 정년퇴직	**退休** tuìxiū	퉤이시우
☑ 조퇴	**早退** zǎotuì	자오퉤이
☑ 종신고용	**铁饭碗** tiěfànwǎn	티에판완
☑ 주식회사	**股份有限公司** gǔfèn yǒuxiàn gōngsī	구펀 요우시엔 꽁쓰
☑ 중소기업	**中小企业** zhōngxiǎo qǐyè	쭝샤오 치예
☑ 중역	**主要负责人** zhǔyào fùzérén	주야오 푸저런
☑ 지각	**迟到** chídào	츠따오

☑ 지사	**分公司** fēn gōngsī	펀 꽁쓰
☑ 직원	**职员** zhíyuán	즈위엔
☑ 직함	**职衔** zhíxián	즈시엔
☑ 진행상태	**进行情况** jìnxíng qíngkuàng	찐씽 칭쾅
☑ 출근	**上班** shàngbān	샹빤
☑ 출근준비를 하다	**做上班准备** zuò shàngbān zhǔnbèi	쭈오 샹빤 준뻬이
☑ 출장	**出差** chūchāi	추차이
☑ 취직, 취업	**找工作** zhǎo gōngzuò	자오 꽁쭈오
☑ 타지에서 벌이를 함	**在外地打工** zài wàidì dǎgōng	짜이 와이띠 다꽁
☑ 퇴근	**下班** xiàbān	샤빤
☑ 폐업	**停业** tíngyè	팅예
☑ 해고	**解雇** jiěgù	지에꾸
☑ 해고되다	**被解雇** bèi jiěgù	뻬이 지에꾸
☑ 해직	**解职** jiězhí	지에즈

☑ 회사	**公司** gōngsī	꽁쓰
☑ 회의	**会议** huìyì	훼이이
☑ 회의를 열다	**开会** kāihuì	카이훼이
☑ 휴가	**休假** xiūjià	시우쟈
☑ 휴가를 내다[얻다]	**请假** qǐngjià	칭쟈

(2) 조직

☑ 경리부	**财会部** cáikuàibù	차이콰이뿌
☑ 기획실	**企划部** qǐhuàbù	치화뿌
☑ 인사부	**人事部** rénshìbù	런스뿌
☑ 재정부	**财政部** cáizhèngbù	차이쩡뿌
☑ 총무부	**总务部** zǒngwùbù	종우뿌
☑ 회장	**董事长** dǒngshìzhǎng	동스장
☑ 사장	**总经理** zǒngjīnglǐ	종찡리

☑ 전무	**专务** zhuānwù	쭈안우
☑ 상무	**常务** chángwù	창우
☑ 이사	**理事** lǐshì	리스
☑ 부장	**部长** bùzhǎng	뿌장
☑ 차장	**次长** cìzhǎng	츠장
☑ 과장	**科长** kēzhǎng	커장
☑ 계장	**系长** xìzhǎng	씨장
☑ 대리	**代理** dàilǐ	따이리
☑ 주임	**主任** zhǔrèn	주런
☑ 평사원	**一般职员** yìbān zhíyuán	이빤 즈위엔

☑ 값	价格 jiàgé	쟈거
☑ 거래	买卖 / 交易 mǎimài / jiāoyì	마이마이 / 쟈오이
☑ 거래처	客户 kèhù	커후
☑ 견적을 내다	报价 bàojià	빠오쟈
☑ 결산	结帐 / 结算 jiézhàng / jiésuàn	지에장 / 지에쑤안
☑ 계약서	合同书 hétóngshū	허통슈
☑ 공장	工厂 gōngchǎng	꽁창
☑ 기능	作用 zuòyòng	쭈오용
☑ 납기	交期 jiāoqī	쟈오치
☑ 내구성	耐久性 nàijiǔxìng	나이지우씽
☑ 단골거래처	老顾主 lǎogùzhǔ	라오꾸주
☑ 당사	本公司 běn gōngsī	번 꽁쓰
☑ 도금	镀金 dùjīn	뚜찐

☑ 등록	登记 dēngjì	떵지
☑ 디자인	款式 kuǎnshì	콴스
☑ 마무리	收尾 / 结束 shōuwěi / jiéshù	쇼우웨이 / 지에슈
☑ 매상고	销售额 xiāoshòu'é	샤오쇼우어
☑ 메이커	名牌 míngpái	밍파이
☑ 물건	物品 wùpǐn	우핀
☑ 미국 수출용~	往美国出口的 wǎng Měiguó chūkǒu de	왕 메이궈 추코우 더
☑ 바이어	客户 kèhù	커후
☑ 반품	退货 tuìhuò	퉤이훠
☑ 발주	发货 fāhuò	파훠
☑ 방수성	防水性 fángshuǐxìng	팡쉐이씽
☑ 변상	赔偿 péicháng	페이창
☑ 보증	担保 dānbǎo	딴바오
☑ 보증인	担保人 dānbǎorén	딴바오런

☑ 부가가치	**增加值** zēngjiāzhí	쩡쟈즈
☑ 부도	**拒绝付款** jùjué fùkuǎn	쮜쮜에 푸콴
☑ 불량품(질 낮은 물건)	**次品** cìpǐn	츠핀
☑ 상사	**商社** shāngshè	샹셔
☑ 상표	**商标** shāngbiāo	샹뱌오
☑ 상품	**商品** shāngpǐn	샹핀
☑ 상품 가짓수	**商品种类** shāngpǐn zhǒnglèi	샹핀 종레이
☑ 생산	**生产** shēngchǎn	성찬
☑ 선적	**装船** zhuāngchuán	쭈앙추안
☑ 성공	**成功** chénggōng	청꽁
☑ 성능	**性能** xìngnéng	씽넝
☑ 세금 포함해서	**包括税金** bāokuò shuìjīn	빠오쿠오 쉐이찐
☑ 소형	**小型** xiǎoxíng	샤오씽
☑ 신용장	**信用证** xìnyòngzhèng	씬용쩡

☑ 신제품	**新产品** xīnchǎnpǐn	씬찬핀
☑ 신형	**新型** xīnxíng	씬씽
☑ 실수령액	**实际收领额** shíjì shōulǐng'é	스찌 쇼우링어
☑ 어음	**期票** qīpiào	치퍄오
☑ 연기, 연장	**延期** yánqī	옌치
☑ 의거하다	**依据** yījù	이쮜
☑ 일할	**百分之一** báifēn zhī yī	바이펀 즈 이
☑ 자기	**磁性** cíxìng	츠씽
☑ 자동화	**自动化** zìdònghuà	쯔똥화
☑ 잔업, 야근	**加夜班** jiāyèbān	쟈예빤
☑ 정가	**标价** biāojià	뱌오쟈
☑ 정찰	**标价牌** biāojiàpái	뱌오쟈파이
☑ 제때에 대다	**按时交货** ānshí jiāohuò	안스 쟈오훠
☑ 제작	**制作** zhìzuò	쯔쭈오

☑ 조립	**组合** zǔhé	주허
☑ 종류	**种类** zhǒnglèi	종레이
☑ 중국산	**中国产的** Zhōngguóchǎn de	쭝궈찬 더
☑ 지불일을 연장하다	**延期支付** yánqī zhīfù	옌치 즈푸
☑ 지점	**分店** fēndiàn	펀띠엔
☑ 진행하다, 진척시키다	**进行** jìnxíng	찐씽
☑ 차지하다	**占据** zhànjù	짠쮜
☑ 채택	**采取** cǎiqǔ	차이취
☑ 책임을 지다	**负责任** fù zérèn	푸 저런
☑ 청구서	**付款单** fùkuǎndān	푸콴딴
☑ 초대형	**超大型** chāodàxíng	차오따씽
☑ 클레임	**索赔** suǒpéi	쑤오페이
☑ 투자	**投资** tóuzī	토우쯔

☑ 파산 破产 **pòchǎn** 포찬

☑ 판로 销路 **xiāolù** 샤오루

☑ 판매가격 销售价格 **xiāoshòu jiàgé** 샤오쇼우 쟈거

☑ 품목 品种 **pǐnzhǒng** 핀종

☑ 품절 断货 **duànhuò** 뚜안휘

☑ 품질 品质 **pǐnzhì** 핀쯔

☑ 프로젝트 工程 **gōngchéng** 꽁청

☑ 하청회사 承包公司 **chéngbāo gōngsī** 청빠오 꽁스

☑ 한국제 韩国产的 **Hánguóchǎn de** 한궈찬 더

☑ 개발	**开发** kāifā	카이파
☑ 구조, 기구	**构造** gòuzào	꼬우자오
☑ 근대화	**近代化** jìndàihuà	찐따이화
☑ 기록	**记录** jìlù	찌루
☑ 농작물	**农产品** nóngchǎnpǐn	농찬핀
☑ 농촌	**农村** nóngcūn	농춘
☑ 능률	**效率** xiàolǜ	샤오뤼
☑ 문명	**文明** wénmíng	원밍
☑ 문화	**文化** wénhuà	원화
☑ 보호	**保护** bǎohù	빠오후
☑ 부족	**不足** bùzú	뿌주
☑ 산업	**工业** gōngyè	꽁예
☑ 설비	**设备** shèbèi	셔뻬이

☑ 성과	**成果** chéngguǒ	청궈
☑ 성함, 한창임	**盛况** shèngkuàng	성쾅
☑ 연구	**研究** yánjiū	옌지우
☑ 연료	**燃料** ránliào	란랴오
☑ 영향	**影响** yǐngxiǎng	잉샹
☑ 의학	**医学** yīxué	이쉬에
☑ 인공위성	**人造卫星** rénzào wèixīng	런자오 웨이씽
☑ 장사, 비즈니스	**生意 / 买卖** shēngyì / mǎimai	성이 / 마이마이
☑ 재배	**栽培** zāipéi	짜이페이
☑ 전기공학	**电气工程学** diànqì gōngchéngxué	띠엔치 꽁청쉬에
☑ 전문가	**专家** zhuānjiā	쭈안쟈
☑ 정보	**信息** xìnxī	씬시
☑ 제한	**限定** xiàndìng	시엔띵
☑ 조건	**条件** tiáojiàn	탸오지엔

☑ 조직	**组织** zǔzhī	주쯔
☑ 중지	**停止** tíngzhǐ	팅즈
☑ 추가	**追加** zhuījiā	쭈에이쟈
☑ 취재	**采访** cǎifǎng	차이팡
☑ 파괴	**破坏** pòhuài	포화이
☑ 해결	**解决** jiějué	지에쥐에
☑ 허가	**许可** xǔkě	쉬커
☑ 현대인	**当代人** dāngdàirén	땅따이런
☑ 현대적	**现代的** xiàndài de	씨엔따이 더
☑ 현상	**现象** xiànxiàng	시엔샹
☑ 협회	**协会** xiéhuì	씨에훼이
☑ 형식	**形式** xíngshì	씽스
☑ 확대	**扩大** kuòdà	쿠오따
☑ 활동, 행사	**活动** huódòng	훠똥

	건축가	建筑师 jiànzhùshī	지엔주스
	검사	检察官 jiǎncháguān	지엔차꾸안
	공무원	公务员 gōngwùyuán	꽁우위엔
	과학자	科学家 kēxuéjiā	커쉬에쟈
	교사	老师 lǎoshī	라오스
	교수	教授 jiàoshòu	쟈오쇼우
	대학생	大学生 dàxuéshēng	따쉬에셩
	디자이너	设计师 shèjìshī	셔지스
	모델	模特 mótè	모터
	목수	木匠 mùjiàng	무쟝
	배우, 연예인	演员 yǎnyuán	옌위엔
	변호사	律师 lǜshī	뤼스
	샐러리맨	公司职员 gōngsī zhíyuán	꽁쓰 즈위엔

☑ 선수　　　　　**运动员**　　　원뚱위엔
　　　　　　　　yùndòngyuán

☑ 소설가　　　　**作家**　　　　쭈오쟈
　　　　　　　　zuòjiā

☑ 실업자, 실직자　**失业者**　　　스예저
　　　　　　　　shīyèzhě

☑ 아나운서　　　**播音员**　　　뽀인위엔
　　　　　　　　bōyīnyuán

☑ 엔지니어　　　**工程师**　　　꽁청스
　　　　　　　　gōngchéngshī

☑ 어부　　　　　**渔夫**　　　　위푸
　　　　　　　　yúfū

☑ 요리사　　　　**厨师**　　　　추스
　　　　　　　　chúshī

☑ 운전사　　　　**司机**　　　　쓰지
　　　　　　　　sījī

☑ 은행원　　　　**银行职员**　　인항 즈위엔
　　　　　　　　yínháng zhíyuán

☑ 음악가　　　　**音乐家**　　　인위에쟈
　　　　　　　　yīnyuèjiā

☑ 기자, 저널리스트　**新闻记者**　　씬원 찌저
　　　　　　　　xīnwén jìzhě

☑ 청소부　　　　**清洁工**　　　칭지에꽁
　　　　　　　　qīngjiégōng

☑ 프로그래머　　**程序员**　　　청쉬위엔
　　　　　　　　chéngxùyuán

☑ 피아니스트　　**钢琴家**　　　깡친쟈
　　　　　　　　gāngqínjiā

◹ 학생

◹ 학자

◹ 화가

学生
xuéshēng
쉬에셩

学者
xuézhě
쉬에저

画家
huàjiā
화쟈

제 4 부

중국 관광시 필요한 어휘

☑ 국내선 — **国内航班** guónèi hángbān — 궈네이 항빤

☑ 국제선 — **国际航班** guójì hángbān — 궈찌 항빤

☑ 늦추다 — **延迟** yánchí — 옌츠

☑ 대기인원 — **候机人数** hòujī rénshù — 호우찌 런슈

☑ 북경행 비행기 — **飞往北京的航班** fēiwǎng Běijīng de hángbān — 페이왕 베이징 더 항빤

☑ 몇 시발 — **~点起飞的** ~diǎn qǐfēi de — ~디엔 치페이 더

☑ 목적지 — **终点** zhōngdiǎn — 쫑디엔

☑ 비행기 — **飞机** fēijī — 페이지

☑ 앞당기다 — **提前** tíqián — 티치엔

☑ 연착되다 — **误点 / 晚点** wùdiǎn / wǎndiǎn — 우디엔 / 완디엔

☑ 왕복편 — **往返** wǎngfǎn — 왕판

☑ 1등석 — **一等舱** yīdēngcāng — 이떵창

☑ 2등석 — **二等舱** èrdēngcāng — 얼떵창

☑	일반석	一般席 yībānxí	이빤씨
☑	재확인	再次确认 zàicì quèrèn	짜이츠 취에런
☑	출발시간	起飞时间 qǐfēi shíjiān	치페이 스지엔
☑	탑승구, 게이트	登机口 dēngjīkǒu	떵지코우
☑	탑승수속	登机手续 dēngjī shǒuxù	떵지 쇼우쉬
☑	편도	单程 dānchéng	딴청
☑	항공기 편명	航班 hángbān	항빤
☑	~행	飞往 fēiwǎng	페이왕
☑	흡연석	吸烟席 xīyānxí	씨옌씨
☑	북경행 비행기를 예약하고 싶습니다.	我要预定开往北京的机票。 Wǒ yào yùdìng kāiwǎng Běijīng de jīpiào 워 야오 위띵 카이왕 베이징 더 찌퍄오	
☑	흡연석으로 해주세요.	请给我吸烟席。 Qǐng gěi wǒ xīyānxí.	칭 게이 워 씨옌씨

☑ 고도	高度 gāodù	까오뚜
☑ 구명동의	救生衣 jiùshēngyī	지우셩이
☑ 금연	禁烟 jìnyān	찐옌
☑ 기내	机内 jīnèi	찌네이
☑ 기내반입	机内携带 jīnèi xiédài	찌네이 씨에따이
☑ 기내식	机内餐 jīnèicān	찌네이찬
☑ 기내판매	机内销售 jīnèi xiāoshòu	찌네이 샤오쇼우
☑ 기장	机长 jīzhǎng	찌장
☑ 난기류	异常气流 yìchāng qìliú	이창 치리우
☑ 담요	毛毯 máotǎn	마오탄
☑ 도착	到达 dàodá	따오다
☑ 독서등	阅读灯 yuèdúdēng	위에두떵
☑ 두통약	头疼药 tóuténgyào	토우텅야오

☑ 멀미약	晕机药 yùnjīyào	윈찌야오
☑ 면세품	免税品 miǎnshuìpǐn	미엔쉐이핀
☑ 물수건	湿巾 shījīn	스진
☑ 불시착	临时着陆 línshí zhuólù	린스 주오루
☑ 비상구	太平门 tàipíngmén	타이핑먼
	安全出口 ānquán chūkǒu	안취엔 추코우
☑ 비자번호	签证号码 qiānzhèng hàomǎ	치엔쩡 하오마
☑ 비행기 멀미	晕机 yùnjī	윈찌
☑ 석간	晚报 wǎnbào	완빠오
☑ 소화제	消化药 xiāohuàyào	샤오화야오
☑ 스튜어디스	空中小姐 kōngzhōng xiǎojiě	콩종 샤오제
☑ 승객	乘客 chéngkè	청커
☑ 승무원	乘务员 chéngwùyuán	청우위엔
☑ 시차	时差 shíchā	스차

☑ 신문	**报纸** bàozhǐ	빠오즈
☑ 안전벨트 착용	**系安全带** jì ānquándài	찌 안취엔따이
☑ 여권	**护照** hùzhào	후자오
☑ 여권번호	**护照号码** hùzhào hàomǎ	후자오 하오마
☑ 오른쪽 창가쪽	**右边靠窗的座位** yòubiān kào chuāng de zuòwèi 요우비엔 카오 추앙 더 쭈오웨이	
☑ 월간지	**月刊** yuèkān	위에칸
☑ 음료	**饮料** yǐnliào	인랴오
☑ 이륙	**起飞** qǐfēi	치페이
☑ 이어폰	**耳机** ěrjī	얼찌
☑ 입국신고서	**入境申报单** rùjìng shēnbàodān	루징 션빠오딴
☑ 잡지	**杂志** zázhì	자쯔
☑ 좌석	**座位** zuòwèi	쭈오웨이
☑ 좌석번호	**座位号** zuòwèihào	쭈오웨이하오

□ 좌측 안 　　左边里座　　주오비엔 리 주오
　　　　　　　zuǒbiān lǐ zuò

□ 주간지 　　周刊　　조우칸
　　　　　　zhōukān

□ 중앙좌석 　　中央座位　　쭝양 쭈오웨이
　　　　　　　zhōngyāng zuòwèi

□ 진통제 　　镇痛剂　　쩐통찌
　　　　　zhèntòngjì

□ 착륙 　　着陆　　주오루
　　　　zhuólù

□ 출국신고서 　　出境申报单　　추징 션빠오딴
　　　　　　　　chūjìng shēnbàodān

□ 탑승권 　　登机牌　　떵지파이
　　　　　dēngjīpái

□ 통로쪽 　　靠走道的座位　　카오 조우따오 더 쭈오웨이
　　　　　kào zǒudào de zuòwèi

□ 파일럿 　　飞行员　　페이씽위엔
　　　　　fēixíngyuán

□ 현지시간 　　本地时间　　번띠 스지엔
　　　　　　běndì shíjiān

□ 호출버튼 　　呼叫钮　　후쟈오니우
　　　　　　hūjiàoniǔ

□ 휴대품 　　携带品　　씨에따이핀
　　　　　xiédàipǐn

□ 기내에서 면세품을 판매합니까?
　　机内卖免税物品吗?
　　Jīnèi mài miǎnshuìwùpǐn ma?
　　찌네이 마이 미엔쉐이우핀 마

☑ 베개하고 담요를 주
세요.

请给我枕头和毛毯。
Qǐng gěi wǒ zhěntóu hé máotǎn.
칭 게이 워 쩐토우 허 마오탄

☑ 얼마 후면 상해에 도
착합니까?

还有多久到上海?
Háiyǒu duōjiǔ dào Shànghǎi?
하이요우 뚜오지우 따오 샹하이

☑ 의자를 뒤로 젖혀도
되겠습니까?

我可以把椅子往后倾斜一下吗?
Wǒ kěyǐ bǎ yǐzi wǎng hòu qīngxié yíxià ma?
워 커이 바 이즈 왕 호우 칭시에 이샤 마

☑ 잠깐 지나가겠습니다.

对不起, 我过去一下。
Duìbuqǐ, wǒ guòqù yíxià.
뛔이부치, 워 궈취 이샤

☑ 제 자리는 어디입니
까?

我的座位在哪里?
Wǒ de zuòwèi zài nǎlǐ?
워 더 쭈오웨이 짜이 나리

☑ 개인 | 个人 <br> gèrén | 꺼런

☑ 검역 | 检疫 <br> jiǎnyì | 지엔이

☑ 공항 | 机场 <br> jīchǎng | 지창

☑ 국적 | 国籍 <br> guójí | 궈지

☑ 귀국하다 | 回国 <br> huíguó | 훼이궈

☑ 그룹, 단체 | 团体 <br> tuántǐ | 투안티

☑ 목적지 | 目的地 <br> mùdìdì | 무띠띠

☑ 본인 | 本人 <br> běnrén | 번런

☑ 비자 | 签证 <br> qiānzhèng | 치엔쩡

☑ 비자를 받다 | 办签证 <br> bàn qiānzhèng | 빤 치엔쩡

☑ 생년월일 | 生年月日 <br> shēng nián yuè rì | 셩 니엔 위에 르

☑ 성(姓) | 姓 <br> xìng | 씽

☑ 성명 | 姓名 <br> xìngmíng | 씽밍

☑ 성별 — **性别** xìngbié — 씽비에

☑ 수속 — **手续** shǒuxù — 쇼우쉬

☑ 외국인 — **外国人** wàiguórén — 와이궈런

☑ 입국 — **入境** rùjìng — 루찡

☑ 입국심사 — **入境检查** rùjìng jiǎnchá — 루찡 지엔차

☑ 입국절차 — **入境手续** rùjìng shǒuxù — 루찡 쇼우쉬

☑ 직업 — **职业** zhíyè — 즈예

☑ 친척, 일가 — **亲戚** qīnqī — 친치

☑ 한국인 — **韩国人** Hánguórén — 한궈런

☑ 저는 관광왔습니다. — **我是来旅游的。** Wǒ shì lái lǚyóu de. — 워 스 라이 뤼요우 더

☑ 호텔에 투숙하려고 합니다. — **我想住饭店。** Wǒ xiǎng zhù fàndiàn. — 워 샹 쭈 판디엔

☑ 일주일 정도 머무를 것입니다. — **我要住一个星期左右。** Wǒ yào zhù yí ge xīngqī zuǒyòu. — 워 야오 쭈 이 거 씽치 주오요우

☑ 귀중품

贵重物品
guìzhòng wùpǐn

꿰이종 우핀

☑ 꼬리표

行李牌
xínglipái

씽리파이

☑ 보관소

寄存处
jìcúnchù

찌춘추

☑ 수하물 임시보관소

行李临时寄存处
xíngli línshí jìcúnchù

씽리 린스 찌춘추

☑ 슈트케이스

衣箱
yīxiāng

이샹

☑ 짐

行李
xíngli

씽리

☑ 카트, 손수레

手推车
shǒutuīchē

쇼우퉤이처

☑ 트렁크

旅行箱
lǔxíngxiāng

뤼싱샹

☑ 어디에서 짐을 찾을 수 있습니까?

哪里可以取行李呢?
Nǎli kěyi qǔ xíngli ne?
나리 커이 취 씽리 너

☑ 제 짐을 찾아주세요.

请帮我找一下行李。
Qǐng bāng wǒ zhǎo yíxià xíngli.
칭 빵 워 자오 이샤 씽리

☑ 관세
关税
guānshuì
꾸안쉐이

☑ 반입 금지품
禁止携带品
jìnzhǐ xiédàipǐn
찐즈 씨에따이핀

☑ 세관검사
海关检查
hǎiguān jiǎnchá
하이꾸안 지엔차

☑ 세관신고서
海关申报单
hǎiguān shēnbàodān
하이꾸안 션빠오딴

☑ 세금
税金
shuìjīn
쉐이찐

☑ 신고하다
申报
shēnbào
션빠오

☑ 짐 검사
检查行李
jiǎnchá xíngli
지엔차 씽리

☑ 필름
胶卷
jiāojuǎn
쟈오쥐엔

☑ 향수
香水
xiāngshuǐ
시앙쉐이

☑ 개인 소지품뿐입니다.
这是我的随身用品。
Zhè shì wǒ de suíshēn yòngpǐn.
쩌 스 워더 쒜이션 용핀

☑ 신고할 것이 없습니까?
没有要申报的吗?
Méiyǒu yào shēnbào de ma?
메이요우 야오 션빠오 더 마

☑ 구좌	帐户 zhànghù	짱후
☑ 금고	金库 jīnkǔ	찐쿠
☑ 달러	美金 měijīn	메이찐
☑ 송금	汇款 huìkuǎn	훼이콴
☑ 수수료	佣金 yōngjīn	용찐
☑ 신분증	身份证 shēnfènzhèng	션펀쩡
☑ 싸인	签字 qiānzì	치엔쯔
☑ 여행자수표	旅行支票 lǚxíng zhīpiào	뤼씽 쯔퍄오
☑ 외화	外币 / 外汇 wàibì / wàihuì	와이삐 / 와이훼이
☑ 은행	银行 yínháng	인항
☑ 일본돈	日元 rìyuán	르위엔
☑ 잔고	余额 yú'é	위어
☑ 잔돈	零钱 língqián	링치엔

☐ 지폐 　　纸币　　즈삐
　　　　　　zhǐbì

☐ 동전 　　硬币　　잉삐
　　　　　　yìngbì

☐ 중국돈 　人民币　런민삐
　　　　　　rénmínbì

☐ 창구 　　窗口　　추앙코우
　　　　　　chuāngkǒu

☐ 한국돈 　韩币　　한삐
　　　　　　hánbì

☐ 화폐 　　货币　　훠삐
　　　　　　huòbì

☐ 환율 　　汇率　　훼이뤼
　　　　　　huìlǜ

☐ 환전소 　外币兑换处　와이삐 뛔이환추
　　　　　　wàibì duìhuànchù

☐ 일요일에 여는 은행
은 있습니까?
有礼拜天营业的银行吗?
Yǒu lǐbàitiān yíngyè de yínháng ma?
요우 리바이티엔 잉예 더 인항 마

☐ 환전소는 어디 있습
니까?
外币兑换处在哪儿?
Wàibì duìhuànchù zài nǎr?
와이삐 뛔이환추 짜이 날

☐ 환전해 주세요.
我要换钱。　워 야오 환치엔
Wǒ yào huànqián.

☐ 잔돈도 섞어 주세요.
零钱也一起换给我吧。
Língqián yě yìqǐ huàn gěi wǒ ba.
링치엔 예 이치 환 게이 워 바

▨ 확인해 보세요.

请确认一下。　칭 취에런 이샤
Qǐng quèrèn yíxià.

▨ 예, 맞습니다(금액을
　확인하고는)

对, 钱数正好。　뛔이, 치엔슈 쩡 하오
Duì, qiánshù zhèng hǎo.

(1) 방잡기

☑ 냉난방 포함 — 包括暖气和冷气　빠오쿼 누안치 허 렁치
bāokuò nuǎnqì hé lěngqì

☑ 로비 — 一楼大厅　이로우 따팅
yīlóu dàtīng

☑ 목욕탕이 딸려 있음 — 带洗澡间　따이 씨자오지엔
dài xǐzǎojiān

☑ 목욕탕이 없음 — 不带洗澡间　부 따이 씨자오지엔
bú dài xǐzǎojiān

☑ 민박 — 民舍　민셔
mínshè

☑ 방이 다 참 / 빈방 없음 — 房间满员 / 没有空房
fángjiān mǎnyuán / méiyǒu kòngfáng
팡지엔 만위엔 / 메이요우 콩팡

☑ 빈방 — 空房　콩팡
kòngfáng

☑ 서명 — 签名　치엔밍
qiānmíng

☑ 서비스료 — 服务费　푸우페이
fúwùfèi

☑ 숙박 — 住宿　쭈쑤
zhùsù

☑ 숙박료 — 住宿费　쭈쑤페이
zhùsùfèi

☑	숙박카드	住宿卡 zhùsùkǎ	쭈쑤카
☑	숙박하다, 머물다	住 zhù	쭈
☑	식사 포함	包括三餐 bāokuò sān cān	빠오쿠오 싼 찬
☑	여관	旅馆 lǚguǎn	뤼관
☑	예약(하다)	预约 / 预定 yùyuē / yùdìng	위위에 / 위딩
☑	1박 2일	两天一宿 liǎng tiān yì xiǔ	량 티엔 이 시우
☑	2박 3일	三天两宿 sān tiān liǎng xiǔ	싼 티엔 량 시우
☑	1인실	单人房(间) dānrénfáng(jiān)	딴런팡(지엔)
☑	2인실 / 일반실	双人房(间) / 标准间 shuāngrénfáng(jiān) / biāozhǔnjiān 슈앙런팡(지엔) / 뱌오준지엔	
☑	전망이 좋다	前景好 qiánjǐng hǎo	치엔징 하오
☑	전 식사 포함	包括三餐饭 bāokuò sān cān fàn	빠오쿠오 싼 찬 판
☑	체크인	登记住宿 dēngjì zhùsù	떵지 쭈쑤
☑	초대소	招待所 zhāodàisuǒ	자오따이쑤오

☑ 취소	**取消** qǔxiāo	취샤오
☑ 키, 열쇠	**钥匙** yàoshi	야오스
☑ 프론트데스크	**前排桌子** qiánpái zhuōzi	치엔파이 쭈오즈
☑ ~호실	**~号房间** ~hào fángjiān	하오 팡지엔
☑ 호텔	**饭店 / 宾馆** fàndiàn / bīnguǎn	판디엔 / 삔관
☑ 1박에 얼마입니까?	**住一宿多少钱?** Zhù yì xiǔ duōshao qián?	쭈 이 시우 뚜오샤오 치엔
☑ 세금 포함입니까?	**包括税金吗?** Bāokuò shuìjīn ma?	빠오쿠오 쉐이진 마
☑ 아침식사 포함입니까?	**包括早餐吗?** Bāokuò zǎocān ma?	빠오쿠오 자오찬 마
☑ 예약하셨습니까?	**预约了吗?** Yùyuē le ma?	위위에 러 마
☑ 깨끗한 방을 부탁합니다.	**我想要干净的房间。** Wǒ xiǎng yào gānjìng de fángjiān.	워 샹 야오 깐징 더 팡지엔
☑ 2인실 있습니까?	**有双人房间吗?** Yǒu shuāngrénfángjiān ma?	요우 슈앙런팡지엔 마
☑ 더 싼 방이 있습니까?	**有更便宜的房间吗?** Yǒu gèng piányi de fángjiān ma?	요우 껑 피엔이 더 팡지엔 마

(2) 호텔 이용

☑ 계산서	**帐单** zhàngdān	장딴
☑ 금액	**金额** jīn'é	찐어
☑ 노천온천	**露天温泉** lùtiān wēnquán	루티엔 원취엔
☑ 룸서비스	**房间服务** fángjiān fúwù	팡지엔 푸우
☑ 모닝콜	**早上叫醒电话** zǎoshàng jiàoxǐng diànhuà	자오샹 쟈오씽 띠엔화
☑ 무료, 공짜	**免费** miǎnfèi	미엔페이
☑ 바(bar)	**酒吧** jiǔbā	지우빠
☑ 벨보이	**服务员** fúwùyuán	푸우위엔
☑ 사우나	**桑拿浴** sāngnáyù	쌍나위
☑ 세탁 서비스	**洗衣服** xǐ yīfu	씨 이푸
☑ 수영장	**游泳池** yóuyǒngchí	요우용츠
☑ 연회장	**宴会厅** yànhuìtīng	옌훼이팅
☑ 욕조	**浴池 / 浴盆** yùchí / yùpén	위츠 / 위펀

☑ 유료	**收费** shōufèi	쇼우페이
☑ 이용 요금	**使用费** shǐyòngfèi	스용페이
☑ 종업원	**服务员** fúwùyuán	푸우위엔
☑ 지배인	**经理** jīnglǐ	찡리
☑ 체크아웃	**退房结帐** tuìfáng jiézhàng	퉤이팡 지에짱
☑ 카바레	**夜总会** yèzǒnghuì	예종훼이
☑ 카운터	**服务台** fúwùtái	푸우타이
☑ 커피숍	**咖啡厅** kāfēitīng	카페이팅
☑ 타월	**毛巾** máojīn	마오찐
☑ 팁	**小费** xiǎofèi	샤오페이
☑ 포함하다	**包括** bāokuò	빠오쿠오
☑ 합계	**共计** gòngjì	꽁찌
☑ 귀중품을 맡기고 싶 습니다.	**我要寄存贵重物品。** Wǒ yào jìcún guìzhòng wùpǐn. 워 야오 찌춘 꿰이종 우핀	

☑ 방을 바꾸고 싶어요.

我想换房间。　워 샹 환 팡지엔
Wǒ xiǎng huàn fángjiān.

☑ 방을 바꿔주세요.

请给我换房间。　칭 게이 워 환 팡지엔
Qǐng gěi wǒ huàn fángjiān.

☑ 방에 열쇠를 두고 나 왔어요.

我把钥匙落在了房间里。
Wǒ bǎ yàoshi là zài le fángjiān lǐ.
워 바 야오스 라 짜이 러 팡지엔 리

☑ 열쇠를 잃어버렸어요.

我把钥匙弄丢了。
Wǒ bǎ yàoshi nòng diū le.
워 바 야오스 농 띠우 러

☑ 가벼운 식사	**简单的饭菜** jiǎndān de fàncài	지엔딴 더 판차이
☑ 값이 싸게 먹힘	**花了比较便宜的钱** huā le bǐjiào piányi de qián 화 러 비쟈오 피엔이 더 치엔	
☑ 계산	**结帐** jiézhàng	지에짱
☑ 과식	**过饱** guòbǎo	꿔바오
☑ 군침이 돌다	**流口水** liú kǒushuǐ	리우 코우쉐이
☑ 카페	**咖啡馆** kāfēiguǎn	카페이관
☑ 노점	**老店** lǎodiàn	라오디엔
☑ 다시 더 먹음	**还吃** háichī	하이츠
☑ 디저트	**甜食** tiánshí	티엔스
☑ 레스토랑	**西餐厅** xīcāntīng	씨찬팅
☑ 메뉴, 차림	**菜单** càidān	차이딴
☑ 면류	**面食** miànshí	미엔스

☑	명물요리	特产菜 tèchǎncài	터찬차이
☑	목이 마르다	口渴 kǒukě	코우커
☑	배가 고프다	肚子饿 dùzi è	뚜즈 어
☑	배가 부르다	肚子饱 dùzi bǎo	뚜즈 빠오
☑	(요리의) 배달	外卖 wàimài	와이마이
☑	분식집	小吃店 xiǎochīdiàn	샤오츠띠엔
☑	서비스료 포함	包括服务费 bàokuō fúwùfèi	빠오쿠오 푸우페이
☑	셀프서비스	自我服务 zì wǒ fúwù	쯔 워 푸우
☑	식당	餐厅 / 食堂 cāntīng / shítáng	찬팅 / 스탕
☑	식사	饭 fàn	판
☑	식사값	饭费 fànfèi	판페이
☑	식사하러 가다	去吃饭 qù chīfàn	취 츠판
☑	아침식사	早饭 / 早餐 zǎofàn / zǎocān	자오판 / 자오찬
☑	예약	订席 / 订桌 dìngxí / dìngzhuō	띵씨 / 띵쭈오

	한국어	中文	발음
☑	요리점	餐厅 / 料理店 cāntīng / liǎolǐdiàn	찬팅 / 랴오리띠엔
☑	2인분	两人份 liǎng rén fèn	량 런 펀
☑	일인분	一人份 yì rén fèn	이 런 펀
☑	일품요리	上等菜 shàng děng cài	샹 덩 차이
☑	저녁식사	晚饭 / 晚餐 wǎnfàn / wǎncān	완판 / 완찬
☑	점심식사	午饭 / 午餐 wǔfàn / wǔcān	우판 / 우찬
☑	정식	套餐 tàocān	타오찬
☑	주문	点菜 / 叫菜 diǎncài / jiàocài	디엔차이 / 쟈오차이
☑	중앙에 가까운 자리	靠近中央的座位 kàojìn zhōngyáng de zuòwèi	카오찐 쭝양 더 쭈오웨이
☑	진미	山珍海味 Shānzhēn hǎiwèi	샨쩐 하이웨이
☑	초밥집	寿司店 shòusīdiàn	쇼우쓰띠엔
☑	특선요리	特选菜 tèxuǎncài	터쉬엔차이
☑	패스트푸드	快餐 kuàicān	콰이찬
☑	후불	后付款 hòufùkuǎn	호우푸콴

▱ 실례합니다.(종업원을 부를 때)
请来一下。
Qǐng lái yíxià.
칭 라이 이샤

▱ 메뉴 좀 보여주세요.
有菜单吗?
Yǒu càidān ma?
요우 차이딴 마

▱ 이것을 주세요.
请给我这个。
Qǐng gěi wǒ zhè ge.
칭 게이 워 쩌 거

▱ 저것과 같은 것(요리)을 주세요.
请给我跟那个一样的。
Qǐng gěi wǒ gēn nà ge yíyàng de.
칭 게이 워 껀 나 거 이양 더

▱ 가져가서 들겠습니다.(패스트푸드점에서)
我要拿走。
Wǒ yào ná zǒu.
워 야오 나 조우

▱ 음식(요리)이 아직 안 나왔어요.
菜还没有好。
Cài hái méiyǒu hǎo.
차이 하이 메이요우 하오

▱ 작은 접시를 주세요.
请给我小碟子。
Qǐng gěi wǒ xiǎo diézi.
칭 게이 워 샤오 디에즈

▱ 먹는 법을 가르쳐 주세요.
请告诉我怎么吃。
Qǐng gàosu wǒ zěnme chī.
칭 까오수 워 쩐머 츠

▱ 조금 더 드시겠어요?
您还要一点吗?
Nín háiyào yì diǎn ma?
닌 하이야오 이 디엔 마

▱ 좀더 주세요.
请再给我一点吧。
Qǐng zài gěi wǒ yì diǎn ba.
칭 짜이 게이 워 이 디엔 바

▱ 잔돈이 틀립니다.
零钱不对。
Líng qián bú duì.
링 치엔 부 뛔이

199

(1) 여러가지 음식

☑ 간식	零食	língshí	링스
☑ 곁들임 안주	拼盘酒菜	pīnpán jiǔcài	핀판 지우차이
☑ 계란후라이	煎鸡蛋	jiān jīdàn	지엔 찌단
☑ 교자	饺子	jiǎozi	쟈오즈
☑ 국수	面条	miàntiáo	미엔탸오
☑ 김밥	紫菜卷饭	cǐcài juǎnfàn	츠차이 쥐엔판
☑ 김치	泡菜	pàocài	파오차이
☑ 냉면	冷面	lěngmiàn	렁미엔
☑ 도시락	盒饭 / 便当	héfàn / biàndāng	허판 / 삐엔땅
☑ 돈까스	猪排	zhūpái	쭈파이
☑ 두부	豆腐	dòufu	또우푸
☑ 라면	方便面	fāngbiànmiàn	팡비엔미엔

☑ 마파두부	**麻婆豆腐** Mápódòufu	마포또우푸
☑ 만두	**馒头** mántou	만토우
☑ 반찬	**菜肴** càiyáo	차이야오
☑ 밤참	**宵夜** xiāoyè	샤오예
☑ 밥	**米饭** mǐfàn	미판
☑ 볶음밥	**炒饭** chǎofàn	차오판
☑ 북경 오리구이	**北京烤鸭** Běijīng kǎoyā	베이징 카오야
☑ 불고기	**烤肉** kǎoròu	카오로우
☑ 빵	**面包** miànbāo	미엔빠오
☑ 샌드위치	**三明治** sānmíngzhì	싼밍쯔
☑ 샐러드	**沙拉** shālā	샤라
☑ 생선회	**生鱼片** shēngyúpiàn	성위피엔
☑ 샤브샤브	**火锅** huǒguō	휘꿔
☑ 서양요리	**西餐** xīcān	씨찬

☑ 쇠고기덮밥	**牛肉饭** niúròufàn	니우로우판
☑ 쇠고기면	**牛肉面** niúròumiàn	니우로우미엔
☑ 수프	**汤 / 羹** tāng / gēng	탕 / 껑
☑ 스테이크	**牛排** niúpái	니우파이
☑ 스파게티	**意大利面条** Yìdàlì miàntiáo	이따리 미엔탸오
☑ (마른)안주	**干酒菜** gàn jiǔcài	깐 지우차이
☑ 양념	**调料** tiáoliào	탸오랴오
☑ 양꼬치	**羊肉串** yángròuchuàn	양로우추안
☑ 요리	**菜** cài	차이
☑ 요리된 술안주	**下酒菜** xià jiǔcài	샤 지우차이
☑ 음식	**饮食** yǐnshí	인스
☑ 일본요리	**日本菜** Rìběncài	르번차이
☑ 잼	**果酱** guǒjiàng	궈쟝
☑ 전	**饼** bǐng	빙

☑ 주먹밥	**饭团儿** fàntuánr	판투알
☑ 중국요리	**中国菜** Zhōngguócài	쭝궈차이
☑ 카레라이스	**咖哩饭** kālifàn	카리판
☑ 케이크	**蛋糕** dàngāo	딴까오
☑ 통조림	**罐头** guàntóu	구안토우
☑ 튀김	**油炸食物** yóuzá shíwù	요우자 스우
☑ 포자만두	**包子** bāozi	빠오즈
☑ 피자	**披萨** pīsà	피싸
☑ 한국요리	**韩国菜** Hánguócài	한궈차이
☑ 햄버거	**汉堡** Hànbǎo	한바오
☑ 햄샌드위치	**火腿三明治** huǒtuǐ sānmíngzhì	훠퉤이 싼밍쯔

(2) 여러가지 음료

☑ 냉수	**冷水** lěngshuǐ	렁쉐이

☑ 마오타이주	**茅台酒** Máotáijiǔ	마오타이지우
☑ 맥주	**啤酒** píjiǔ	피지우
☑ 밀크티	**奶茶** nǎichá	나이차
☑ 브랜디	**百兰地酒** bǎilándìjiǔ	바이란띠지우
☑ 사이다	**汽水** qìshuǐ	치쉐이
☑ 생맥주	**生啤 / 鲜啤** shēngpí / xiānpí	셩피 / 시엔피
☑ 샴페인	**香槟酒** xiāngbǐnjiǔ	샹삔지우
☑ 소주	**烧酒** shāojiǔ	샤오지우
☑ 술	**酒** jiǔ	지우
☑ 아이스커피	**冰咖啡** bīngkāfēi	삥카페이
☑ 아이스크림	**冰琪淋** bīngqílín	삥치린
☑ 와인, 포도주	**葡萄酒** pútáojiǔ	푸타오지우
☑ 우유	**牛奶** niúnǎi	니우나이
☑ 위스키	**威士忌** wēishìjì	웨이스지

☑ 주스	**果汁** guǒzhī	궈쯔
☑ 차	**茶** chá	차
☑ 캔맥주	**罐头啤酒** guàntóu píjiǔ	꾸안토우 피지우
☑ 커피	**咖啡** kāfēi	카페이
☑ 콜라	**可乐** kělè	커러
☑ 현미차	**粗米茶** cūmǐchá	추미차
☑ 홍차	**红茶** hóngchá	홍차
☑ 위스키에 물과 얼음을 넣어주세요.	**威士忌里加水和冰。** Wēishìjì lǐ jiā shuǐ hé bīng. 웨이스지 리 쟈 쉐이 허 삥	
☑ 제가 한 잔 따라드리지요.	**我给您倒酒。** Wǒ gěi nín dǎo jiǔ.	워 게이 닌 따오 지우

(3) 요리법 · 맛

☑ 간을 보다	**尝尝咸淡** chángchang xiándàn	창창 시엔딴
☑ 강한 불	**大火** dàhuǒ	따훠

☑ 국물을 내다	**熬汤** áotāng	아오탕
☑ 굽다	**烤** kǎo	카오
☑ 기름지다	**油腻** yóunì	요우니
☑ 껍질을 벗기다	**剥皮** bōpí	뽀피
☑ 끓이다	**烧** shāo	샤오
☑ 넣다	**放 / 加** fàng / jiā	팡 / 쟈
☑ 달다	**甜** tián	티엔
☑ 담백한	**清淡** qīngdàn	칭딴
☑ 데치다	**烫** tàng	탕
☑ 떫다	**涩** sè	써
☑ 맛	**味道** wèidào	웨이따오
☑ 맛없다	**不好吃** bù hǎochī	뿌 하오츠
☑ 맛을 보다	**尝尝味道** chángchang wèidào	창창 웨이따오
☑ 맛있다	**好吃** hǎochī	하오츠

☑ 맛있을 것 같다	**一定好吃** yídìng hǎochī	이딩 하오츠
☑ 맵다	**辣** là	라
☑ 물에 담가두다	**泡在水里** pào zài shuǐ lǐ	파오 짜이 쉐이 리
☑ 밥을 짓다	**做饭** zuòfàn	쭈오판
☑ 볶다	**炒** chǎo	차오
☑ 부패하다	**腐烂** fǔlàn	푸란
☑ 비린내가 나다	**有腥味儿** yǒu xīngwèir	요우 씽월
☑ 뿌리다, 곁들이다	**洒** sǎ	싸
☑ 삶다	**煮** zhǔ	주
☑ 새콤달콤하다	**酸甜** suāntián	쑤안티엔
☑ 섞다	**搅拌** jiǎobàn	쟈오빤
☑ 시다	**酸** suān	쑤안
☑ 식히다	**放凉** fàngliáng	팡량
☑ 싱겁다, 묽다	**淡** dàn	딴

☑ 쓰다	**苦味** kǔwèi	쿠웨이
☑ 약한 불	**小火** xiǎohuǒ	샤오훠
☑ 얕은 맛이 나다	**味儿淡** wèir dàn	월 딴
☑ 요리를 만들다	**做菜** zuò cài	쭈오 차이
☑ 잘게 썰다	**切成小块** qiē chéng xiǎo kuài	치에 청 샤오 콰이
☑ 재료	**材料** cáiliào	차이랴오
☑ 조림	**红烧** hóngshāo	홍샤오
☑ 중간 불	**中火** zhōnghuǒ	쭝훠
☑ 짜다	**咸** xián	시엔
☑ 찌다	**蒸** zhēng	쩡
☑ 타다	**烧糊** shāohú	샤오후
☑ 튀기다	**炸** zhá	자

(1) 교통수단

☑ (연료를) 가득 채우다	**加满油** jiā mǎn yóu	쟈 만 요우
☑ 갈아탐	**换乘** huànchéng	환청
☑ 개찰구	**检票口** jiǎnpiàokǒu	지엔퍄오코우
☑ 고장	**故障 / 坏** gùzhàng / huài	꾸짱 / 화이
☑ 공항버스	**机场巴士** jīchǎng bāshì	찌창 빠스
☑ 관광버스	**旅游车** lǚyóuchē	뤼요우처
☑ 국제운전면허증	**国际驾照** guójì jiàzhào	궈찌 쟈자오
☑ 급행열차	**特快列车** tèkuài lièchē	터콰이 리에처
☑ 기차	**火车** huǒchē	훠처
☑ (차에서) 내리다	**下车** xiàchē	샤처
☑ 마지막 전차	**最后一班电车** zuìhòu yìbān diànchē	쭈에이호우 이빤 띠엔처
☑ 매표소	**卖票处** màipiàochù	마이퍄오추

☑	발차	**发车** fāchē	파처
☑	배	**船** chuán	추안
☑	버스	**公共汽车 / 巴士** gōnggòng qìchē / bāshì	꿍꿍 치처 / 빠스
☑	버스요금	**公共汽车费** gōnggòng qìchēfèi	꿍꿍 치처페이
☑	버스정류장	**公共汽车站** gōnggòng qìchēzhàn	꿍꿍 치처짠
☑	보통열차	**慢车** mànchē	만처
☑	서행	**慢慢开** mànmàn kāi	만만 카이
☑	시내버스	**市内公共汽车** shìnèi gōnggòng qìchē	스네이 꿍꿍 치처
☑	안전벨트	**安全带** ānquándài	안취엔따이
☑	역	**站** zhàn	짠
☑	연착	**晚点** wǎndiǎn	완띠엔
☑	열차시각표	**列车时刻表** lièchē shíkèbiǎo	리에처 스커뱌오
☑	오토매틱	**自动** zìdòng	쯔똥
☑	오토바이	**摩托车** mótuōchē	모투오처

	우회전	右转弯 yòuzhuǎnwān	요우주안완
	운전	开 / 驾驶 kāi / jiàshǐ	카이 / 쟈스
	자동차	汽车 qìchē	치처
	자전거	自行车 zìxíngchē	쯔씽처
	전철	地铁 / 电车 dìtiě / diànchē	띠티에 / 띠엔처
	졸음운전	开车打磕睡 kāichē dǎkēshuì	카이처 따커쉐이
	좌석	座席 zuòxí	쭈오씨
	좌석이 다 참	座位满员 zuòwèi mǎnyuán	쭈오웨이 만위엔
	좌회전	左转弯 zuǒzhuǎnwān	주오주안완
	주유소	加油站 jiāyóuzhàn	쨔요우짠
	지정석	指定席 / 指定座位 zhǐdìngxí / zhǐdìng zuòwèi	즈딩씨 / 즈딩 쭈오웨이
	지하철	地铁 dìtiě	띠티에
	차	车 chē	처
	차를 멈추다, 주차	停车 tíngchē	팅처

☑ 철도, 선로	**铁路** tiělù	티에루
☑ 추월하다, 앞지르다	**超越** chāoyuè	차오위에
☑ 침대차	**卧铺** wòpù	워푸
☑ (차에) 타다	**上车** shàngchē	샹처
☑ (차에) 태우다	**送上车** sòng shàngchē	쏭 샹처
☑ 택시	**出租汽车 / 的士** chūzū qìchē / díshì	추주 치처 / 디스
☑ 택시를 잡다	**叫出租汽车** jiào chūzū qìchē	쨔오 추주 치처
☑ 트럭	**卡车** kǎchē	카처
☑ 특급열차	**豪华列车** háohuá lièchē	하오화 리에처
☑ 차표	**车票** chēpiào	처퍄오
☑ 한눈팔며 운전함	**开车三心二意** kāichē sān xīn èr yì	카이처 싼 씬 얼 이
☑ 할증요금	**额外收费** éwài shōufèi	어와이 쇼우페이
☑ 합승	**同乘** tóngchéng	통청
☑ 항구	**港口** gǎngkǒu	강코우

☑ 저기에 세워 주시겠어요?	**请停在那边, 好吗?** Qǐng tíng zài nàbiān, hǎo ma? 칭 팅 짜이 나비엔, 하오 마
☑ (제가) 어디서 내리면 됩니까?	**我在哪儿下车才好呢?** Wǒ zài nǎr xiàchē cái hǎo ne? 워 짜이 날 샤처 차이 하오 너
☑ (지도를 보여주며) 여기에 가려고 합니다.	**我要去这里。** 워 야오 취 쩌리 Wǒ yào qù zhèli.
☑ 5분마다 버스가 있습니다.	**公车五分钟来一次。** Gōngchē wǔ fēn zhōng lái yícì. 꽁처 우 펀 쫑 라이 이츠
☑ 이 부근에 지하철역이 있나요?	**这儿附近有地铁站吗?** Zhèr fùjìn yǒu dìtiězhàn ma? 쩔 푸찐 요우 띠티에짠 마
☑ 서울에 도착하면 가르쳐 주세요.	**到了汉城请告诉我一下。** Dào le Hànchéng qǐng gàosu wǒ yíxià. 따오 러 한청 칭 까오수 워 이샤
☑ 박물관은 어느 정류장에서 내려야 합니까?	**博物馆在哪一站下车?** Bówùguǎn zài nǎ yí zhàn xiàchē? 보우관 짜이 나 이 짠 샤처
☑ 백화점에 가 주세요.	**我要去百货店。** 워 야오 취 바이훠디엔 Wǒ yào qù bǎihuòdiàn.
☑ 빨리 가 주세요.	**请快点儿开。** 칭 콰이디얼 카이 Qǐng kuàidiǎnr kāi.
☑ 여기는 어디입니까?	**这是哪里?** 쩌 스 나리 Zhè shì nǎli?

☑ 아직 멀었어요? **还远吗?** 하이 위엔 마
Hái yuǎn ma?

☑ 왕복으로 주세요. **我要双程票。** 워 야오 슈앙청퍄오
Wǒ yào shuāngchéngpiào.

☑ 죄송합니다, 내려요. **对不起, 请下车。** 뛔이부치, 칭 샤처
Duìbuqǐ, qǐng xiàchē.

(2) 길묻기

☑ 간판 **招牌** 자오파이
zhāopái

☑ 건너다 **过** 꿔
guò

☑ 건널목 **路口** 루코우
lùkǒu

☑ 건물 **建筑物** 지엔쭈우
jiànzhùwù

☑ 고속도로 **高速公路** 까오수 꽁루
gāosù gōnglù

☑ 고층빌딩 **高楼大厦** 까오로우 따샤
gāolóu dàxià

☑ 공원 **公园** 꽁위엔
gōngyuán

☑ 관공서 **政府机关** 쩡푸 찌꾸안
zhèngfu jīguān

☑ 광장 **广场** 광창
guǎngchǎng

교외	郊外 jiāowài	쨔오와이
교차로, 십자로	十字路口 shízì lùkǒu	스쯔 루코우
근처, 근방	附近 fùjìn	푸찐
길안내	指路 zhǐlù	즈루
길을 잃다	迷路 mílù	미루
다리	桥 qiáo	챠오
다방	茶馆 cháguǎn	차구안
도서관	图书馆 túshūguǎn	투슈관
똑바로 가다	一直往前走 yìzhí wǎng qián zǒu	이즈 왕 치엔 조우
막다른 곳	死胡同 sǐhútòng	쓰후통
미용실	美发厅 měifātīng	메이파팅
바깥쪽	外面 wàimiàn	와이미엔
반대 방향	反方向 fǎn fāngxiàng	판 팡샹
~번가	~街 ~jiē	~지에

☑ 번화가	繁华区	fánhuáqū	판화취
☑ 보도, 인도	人行道	rénxíngdào	런씽따오
☑ 빌딩	高楼	gāolóu	까오로우
☑ 빨간 신호	红灯	hóngdēng	홍떵
☑ 사진관	照相馆	zhàoxiāngguǎn	자오샹관
☑ 시	市	shì	스
☑ 신축	新建	xīnjiàn	씬지엔
☑ 신호	信号	xīnhào	씬하오
☑ 안쪽	里边	lǐbiān	리비엔
☑ 약국	药店	yàodiàn	야오디엔
☑ 역을 지나치다	坐过站了	zuòguò zhàn le	쭈오궈 짠 러
☑ 역전	火车站	huǒchēzhàn	훠처짠
☑ 영화관	电影院	diànyǐngyuàn	띠엔잉위엔
☑ 오른쪽으로 돌다	往右拐	wǎng yòu guǎi	왕 요우 과이

☑ 왼쪽으로 돌다	**往左拐** wǎng zuǒ guǎi	왕 주오 과이
☑ 유원지	**游园地** yóuyuándì	요우위엔띠
☑ 육교	**天桥** tiānqiáo	티엔챠오
☑ 이발소	**理发馆** lǐfāguǎn	리파관
☑ 일방통행	**单程通行** dānchéng tōngxíng	딴청 통씽
☑ 자동판매기	**无人售货机** wúrén shòuhuòjī	우런 쇼우훠지
☑ 전화국	**电话局** diànhuàjú	띠엔화쮜
☑ 정육점	**肉店** ròudiàn	로우디엔
☑ 정체, 밀림	**交通堵塞 / 堵车** jiāotōng dǔsè / dǔchē	쟈오통 두써 / 두처
☑ 주차장	**停车场** tíngchēchǎng	팅처창
☑ 중심가	**市中心** shì zhōngxīn	스 쭝씬
☑ 지도	**地图** dìtú	띠투
☑ 지름길	**捷径** jiéjìng	지에찡
☑ 지하도	**地下道** dìxiàdào	띠샤따오

☑	차도	**车道** chēdào	처따오
☑	철물점	**五金店** wǔjīndiàn	우찐띠엔
☑	큰거리	**大路** dàlù	따루
☑	파란 신호	**绿灯** lǜdēng	뤼덩
☑	표시, 표적	**路标** lùbiāo	루뱌오
☑	학교	**学校** xuéxiào	쉬에샤오
☑	횡단보도	**人行横道** rénxíng héngdào	런씽 헝따오
☑	말씀 좀 여쭙겠습니다.	**请问一下。** Qǐngwèn yíxià.	칭원 이샤
☑	길을 잃었습니다.	**我迷路了。** Wǒ mí lù le.	워 미 루 러
☑	그곳으로 가는 법을 가르쳐 주십시오.	**请问, 去那里怎么走?** Qǐngwèn, qù nàli zěnme zǒu? 칭원, 취 나리 쩐머 조우	
☑	알겠습니다. 감사합니다.	**我知道了, 谢谢。** Wǒ zhīdào le, xièxie.	워 쯔따오 러, 씨에시에

☑ 가이드	**导游** dǎoyóu	다오요우
☑ 경극	**京剧** jīngjù	찡쮜
☑ 경치, 풍경	**风景** fēngjǐng	펑징
☑ 고대	**古代** gǔdài	구따이
☑ 고분	**古墓** gǔmù	구무
☑ 공연	**演出** yǎnchū	옌추
☑ 공예품	**工艺品** gōngyìpǐn	꽁이핀
☑ 관객	**观众** guānzhòng	꾸안쫑
☑ 관광지	**游览区** yóulǎnqū	요우란취
☑ 금연지역	**禁烟地区** jīnyān dìqū	찐옌 띠취
☑ 기념사진	**纪念照片** jìniàn zhàopiàn	찌니엔 쟈오피엔
☑ 기념품	**纪念品** jìniànpǐn	찌니엔핀
☑ 단체사진	**合影** héyǐng	허잉

☑ 당일치기 여행	当日旅行 dāngrì lǚxíng	땅르 뤼씽
☑ 동물원	动物园 dòngwùyuán	똥우위엔
☑ 멋지다 / 훌륭하다	优秀 / 棒 yōuxiù / bàng	요우시우 / 빵
☑ 명물	名产 míngchǎn	밍찬
☑ 명승지	名胜古迹 míngshèng gǔjì	밍셩 구찌
☑ 무대	舞台 wǔtái	우타이
☑ 문화재	文化遗产 wénhuà yíchǎn	원화 이찬
☑ 미술관	美术馆 měishùguǎn	메이슈관
☑ 민속	民俗 mínsú	민쑤
☑ 민예품	民间艺术品 mínjiān yìshùpǐn	민지엔 이슈핀
☑ 박람회	博览会 bólǎnhuì	보란훼이
☑ 박물관	博物馆 bówùguǎn	보우관
☑ 박수	鼓掌 gǔzhǎng	구장
☑ 반나절 관광	半日游 bànrìyóu	빤르요우

☑ 반나절 코스	**半日游路线** bànrìyóu lùxiàn	빤르요우 루시엔
☑ 번화하다, 떠들썩하다	**热闹** rènào	러나오
☑ 볼 만한 것	**可看的** kěkàn de	커칸 더
☑ 분수	**喷水** pēnshuǐ	펀쉐이
☑ 분실물	**丢失物品** diūshī wùpǐn	띠우스 우핀
☑ 분실물 보관소	**丢失物品寄存处** diūshī wùpǐn jìcúnchù	띠우스 우핀 찌춘추
☑ 사자춤	**狮子舞** shīziwǔ	스즈우
☑ 사진	**相片** xiāngpiàn	샹피엔
☑ 사진을 찍다	**照相 / 拍照** zhàoxiàng / pāizhào	자오샹 / 파이자오
☑ 선불	**先付款** xiān fùkuǎn	시엔 푸콴
☑ 성	**城** chéng	청
☑ 성대	**盛大** shèngdà	셩따
☑ 성인	**成人** chéngrén	청런
☑ 수도	**首都** shǒudū	쇼우뚜

☑ 수족관	水族馆 shuǐzúguǎn	쉐이주꾸안
☑ 시간표	时间表 shíjiānbiǎo	스지엔뱌오
☑ 식물원	植物园 zhíwùyuán	즈우위엔
☑ 암표	暗票 ànpiào	안퍄오
☑ 야경	夜景 yèjǐng	예징
☑ 여행안내소	旅行咨询处 lǚxíng zīxúnchù	뤼씽 쯔쉰추
☑ 연극	话剧 / 戏剧 huàjù / xìjù	화쮜 / 씨쮜
☑ 영업시간	营业时间 yíngyè shíjiān	잉예 스지엔
☑ 예정	预定 yùdìng	위띵
☑ 외국	外国 wàiguó	와이궈
☑ 요금표	收费表 shōufèibiǎo	쇼우페이뱌오
☑ 유람선	游览船 yóulǎnchuán	요우란추안
☑ 유명하다	有名 yǒumíng	요우밍
☑ 유적	遗迹 yíjì	이찌

☑ 일정, 스케줄	**日程** rìchéng	르청
☑ 입장권	**门票** ménpiào	먼퍄오
☑ 입장료	**入场费** rùchǎngfèi	루창페이
☑ 전람회	**展览会** zhǎnlǎnhuì	잔란훼이
☑ 조각	**雕刻** diāokè	댜오커
☑ 족자, 서화	**字画** zìhuà	쯔화
☑ 지방	**地方** dìfāng	띠팡
☑ 진귀하다, 드물다	**珍贵** zhēnguì	쩐꿰이
☑ 타워, 탑	**塔** tǎ	타
☑ 통역	**口语翻译** kǒuyǔ fānyì	코우위 판이
☑ 특산	**特产** tèchǎn	터찬
☑ 티켓	**票** piào	퍄오
☑ 휴관일	**休馆日** xiūguǎnrì	시우관르

☑ 몇 시에 열고, 몇 시에 닫습니까?

几点开门, 几点关门?
Jǐ diǎn kāimén, jǐ diǎn guānmén?
지 디엔 카이먼, 지 디엔 꾸안먼

☑ 성인 2장과 어린이 3장 부탁합니다.

我要两张成人票和三张儿童票。
Wǒ yào liǎng zhāng chéngrénpiào hé sān zhāng értóngpiào.
워 야오 량 짱 청런퍄오 허 싼 짱 얼통퍄오

☑ 어디에서 표를 삽니까?

在哪里买票?
Zài nǎli mǎi piào?
짜이 나리 마이 퍄오

☑ 이 마을의 명소를 가르쳐 주세요.

请告诉我这里有名的地方, 好吗?
Qǐng gàosu wǒ zhèli yǒumíng de dìfang, hǎoma?
칭 까오수 워 쩌리 요우밍 더 띠팡, 하오마?

☑ 이것을 써도 됩니까?

我可以用吗?   워 커이 용 마
Wǒ kěyǐ yòng ma?

☑ 입장료는 얼마입니까?

门票多少钱?
Ménpiào duōshao qián?
먼퍄오 뚜오샤오 치엔

☑ 이 자리는 비었습니까?

这座位是空着的吗?
Zhè zuòwèi shì kòng zhe de ma?
쩌 쭈오웨이 스 콩 저 더 마

☑ 자리를 못 잡았습니다.

我没能坐上座位。
Wǒ méi néng zuò shàng zuòwèi.
워 메이 넝 쭈오 샹 쭈오웨이

☑	가정용품	家庭用品 jiātíng yòngpǐn	쟈팅 용핀
☑	가짜	假的 jiǎ de	쟈 더
☑	값어치	价值 jiàzhí	쟈즈
☑	거스름돈	找回的钱 zhǎohuí de qián	쟈오훼이 더 치엔
☑	견본, 샘플	样品 yàngpǐn	양핀
☑	고르다	挑选 tiāoxuǎn	탸오쉬엔
☑	골동품점	古董店 gǔdǒngdiàn	구똥띠엔
☑	과일가게	水果店 shuǐguǒdiàn	쉐이궈띠엔
☑	교환	交换 jiāohuàn	쟈오환
☑	구둣가게	皮鞋店 píxiédiàn	피시에띠엔
☑	구입하다	购买 gòumǎi	꼬우마이
☑	깨어지기 쉬운	易碎的 yìsuì de	이쒜이 더
☑	꽃가게	花店 huādiàn	화띠엔

□ 꽉 끼다	紧紧的 jǐnjǐn de	진진 더
□ 느슨하다	松 sōng	쏭
□ 단골손님	老顾客 lǎogùkè	라오꾸커
□ 도착하다, 배달되다	送货 sònghuò	쏭훠
□ 동전	硬币 yìngbì	잉삐
□ 따로따로, 각자	各自 gèzì	꺼쯔
□ 딱 맞는	刚好合适的 gāng hǎo héshì de	깡 하오 허스 더
□ 맘에 들다	可心 kěxīn	커씬
□ 매장	商场 shāngchǎng	샹창
□ 매점	小卖部 xiǎomǎibù	샤오마이뿌
□ 면세점	免税店 miǎnshuìdiàn	미엔쉐이디엔
□ 문방구	文具店 wénjùdiàn	원쮜띠엔
□ 반품하다	退货 tuìhuò	퉤이훠
□ 배달	送 sòng	쏭

백화점	百货店 bǎihuòdiàn	바이훠띠엔
보너스	红包 hóngbāo	홍빠오
보다 작다	比较小 bǐjiào xiǎo	비쟈오 샤오
보다 크다	比较大 bǐjiào dà	비쟈오 따
분할지불	分期付款 fēnqī fùkuǎn	펀치 푸콴
비싸다	贵 guì	꿰이
사다	买 mǎi	마이
사용법	使用方法 shǐyòng fāngfǎ	스용 팡파
사이즈, 크기	尺寸 / 大小 chǐcùn / dàxiǎo	츠춘 / 따샤오
상업지역	商业区 shāngyèqū	샹예취
상인	商人 shāngrén	샹런
상점	商店 shāngdiàn	샹띠엔
세트	成套 chéngtào	청타오
소비세	消费税 xiāofèishuì	샤오페이쉐이

☑ 손님	**顾客** gùkè	꾸커
☑ 수표	**支票** zhīpiào	즈퍄오
☑ 슈퍼마켓	**超市** chāoshì	차오스
☑ 스포츠 용품	**体育用品** tǐyù yòngpǐn	티위 용핀
☑ 시장	**市场** shìchǎng	스창
☑ 식료품	**食品** shípǐn	스핀
☑ 싸다	**便宜** piányi	피엔이
☑ 양품점	**洋货店** yánghuòdiàn	양훠띠엔
☑ 어떤 종류	**哪种** nǎ zhǒng	나 종
☑ 어울리다	**适合 / 相配** shìhé / xiāngpèi	스허 / 시앙페이
☑ 영수증	**收据** shōujù	쇼우쮜
☑ 옷을 입어보는 방	**试衣室** shìyīshì	스이스
☑ 유행	**流行** liúxíng	리우씽
☑ 전기제품	**电器** diànqì	띠엔치

☑ 점원 — **店员** diànyuán — 띠엔위엔

☑ 죽제품 — **竹制品** zhúzhìpǐn — 주즈핀

☑ 지불하다 — **支付** zhīfù — 즈푸

☑ 책방, 서점 — **书房 / 书店** shūfáng / shūdiàn — 슈팡 / 슈띠엔

☑ 취급설명서 — **使用说明书** shǐyòng shuōmíngshū — 스용 슈오밍슈

☑ 택배서비스 — **托送服务** tuōsòng fúwù — 투오쏭 푸우

☑ 통신판매 — **邮寄销售** yóujì xiāoshòu — 요우찌 샤오쇼우

☑ 판매 — **销售** xiāoshòu — 샤오쇼우

☑ 팔다 — **卖** mài — 마이

☑ 팔리다 — **卖出去** mài chūqù — 마이 추취

☑ 폐점 — **商店停业** shāngdiàn tíngyè — 샹띠엔 팅예

☑ 할인, 값을 깎아주다 — **打折扣** dǎ zhé kòu — 다 저 코우

☑ 합치다 — **一共** yígòng — 이꽁

☑ 현금 — **现金** xiànjīn — 시엔찐

□	얼마입니까?	多少钱? Duōshao qián	뚜오샤오 치엔
□	~파는 곳은 어디입니까?	~在哪儿卖? ~zài nǎr mài?	~짜이 날 마이
□	그냥 보는 것입니다.	只是看看。 Zhǐshì kànkan	즈스 칸칸
□	다른 것을 보여주십시오.	我要看看别的。 Wǒ yào kànkan bié de.	워 야오 칸칸 비에 더
□	다른 색 있나요?	有别的颜色吗? Yǒu bié de yánsè ma?	요우 비에 더 옌써 마
□	더 싸게 해주세요.	再便宜一点。 Zài piányi yìdiǎn.	짜이 피엔이 이디엔
□	이것으로 하겠습니다.	我要这个。 Wǒ yào zhè ge.	워 야오 쩌 거
□	반품하고 싶습니다.	我想要退货。 Wǒ xiǎng yào tuìhuò.	워 샹 야오 퉤이훠
□	입어보아도 되겠습니까?	我可以试穿吗? Wǒ kěyǐ shìchuān ma?	워 커이 스추안 마
□	차는 어디에서 살 수 있습니까?	哪里可以买到茶? Nǎli kěyǐ mǎidào chá?	나리 커이 마이따오 차
□	한 치수 더 큰 것 있습니까?	有大一号的吗? Yǒu dà yí hào de ma?	요우 따 이 하오 더 마

☑ 합쳐서 얼마입니까?

一共多少钱?　　이꽁 뚜오샤오 치엔
Yígòng duōshao qián?

☑ 호텔까지 배달해 주
시겠습니까?

送到饭店好吗?　　쏭 따오 판띠엔 하오 마
Sòng dào fàndiàn hǎo ma?

☑ 계산은 따로따로 해
주세요.

我们各付各的。　　워먼 꺼 푸 꺼 더
Wǒmen gè fù gè de.

☑ 또 오십시오.

欢迎再来。　　후안잉 짜이 라이
Huānyíng zài lái.

(1) 야채 · 곡물

☑ 가지	茄子 qiézi	치에즈
☑ 감자	土豆 / 马铃薯 tǔdòu / mǎlíngshǔ	투또우 / 마링슈
☑ 고구마	地瓜 dìguā	띠과
☑ 고추	辣椒 làjiāo	라쟈오
☑ 고추냉이	山崳草 shānyúcǎo	샨위차오
☑ 당근	胡箩卜 húluóbo	후루오보
☑ 마늘	大蒜 dàsuàn	따쑤안
☑ 무우	箩卜 luóbo	루오보
☑ 미나리	水芹菜 shuǐqíncài	쉐이친차이
☑ 밀가루	面粉 miànfèn	미엔펀
☑ 배추	白菜 báicài	바이차이
☑ 버섯	蘑菇 mógū	모구

☑ 생강	**生姜** shēngjiāng	셩지앙
☑ 시금치	**菠菜** bōcài	뽀차이
☑ 쌀	**米** mǐ	미
☑ 야채	**蔬菜** shūcài	슈차이
☑ 양배추	**洋白菜** yángbáicài	양바이차이
☑ 양파	**洋葱** yángcōng	양총
☑ 오이	**黄瓜** huángguā	황과
☑ 우엉	**牛蒡** niúbàng	니우방
☑ 인삼	**人参** rénshēn	런션
☑ 콩, 대두	**豆 / 大豆** dòu / dàdòu	또우 / 따또우
☑ 토란	**芋头** yùtóu	위토우
☑ 토마토	**西红柿 / 番茄** xīhóngshì / fānqié	씨홍스 / 판치에
☑ 파	**葱** cōng	충
☑ 파슬리	**菜花** càihuā	차이화

☑ 팥	**红豆** hóngdòu	홍또우
☑ 호박	**南瓜** nánguā	난꽈

(2) 육류 · 유제품

☑ 계란	**鸡蛋** jīdàn	찌단
☑ 고기	**肉** ròu	로우
☑ 닭고기	**鸡肉** jīròu	찌로우
☑ 돼지고기	**猪肉** zhūròu	쭈로우
☑ 소시지	**香肠** xiāngchǎng	시앙창
☑ 쇠고기	**牛肉** niúròu	니우로우
☑ 육류	**肉类** ròulèi	로우레이
☑ 치즈	**奶酪** nǎilào	나이라오

(3) 어패류

☑ 게	**螃蟹** pángxiè	팡시에

☑ 고등어	**青花鱼** qīnghuāyú	칭화위
☑ 굴	**牡蛎** mǔlì	무리
☑ 김	**紫菜** zǐcài	즈차이
☑ 다시마	**海带** hǎidài	하이따이
☑ 대구	**鳕鱼** xuěyú	쉬에위
☑ 도미	**真鲷** zhēndiāo	쩐댜오
☑ 문어	**八脚鱼** bājiǎoyú	빠쟈오위
☑ 미역	**嫩海带** nènǎidài	넌하이따이
☑ 복어	**花豚** huātún	화툰
☑ 삼치	**鲅鱼** bàyú	빠위
☑ 새우	**虾** xiā	샤
☑ 생선	**鱼** yú	위
☑ 소라	**海螺** hǎiluó	하이루오
☑ 어패류	**贝** bèi	뻬이

☑ 연어	**鲑鱼** guīyú	꿰이위
☑ 연어알	**鲑鱼卵** guīyúluǎn	꿰이위루안
☑ 오징어	**鱿鱼 / 乌贼** yóuyú / wūzéi	요우위 / 우제이
☑ 장어	**鳗鱼** mányú	만위
☑ 전복	**鲍鱼** bàoyú	빠오위
☑ 정어리	**沙丁鱼** shādīngyú	샤띵위
☑ 조개	**蛤蜊** géli	꺼리
☑ 참치	**金枪鱼** jīnqiāngyú	찐치앙위
☑ 청어	**青鱼 / 鲱鱼** qīngyú / fēiyú	칭위 / 페이위
☑ 해삼	**海参** hǎishēn	하이션

(4) 조미료

☑ 간장	**酱油** jiàngyóu	지앙요우
☑ 겨자	**芥末** jièmo	지에모

☑ 고추장	**辣椒酱** làjiāojiàng	라쟈오지앙
☑ 기름	**油** yóu	요우
☑ 된장	**大酱** dàjiàng	따지앙
☑ 마요네즈	**蛋黄酱** dànhuángjiǎng	딴황지앙
☑ 버터	**黄油** huángyóu	황요우
☑ 설탕	**白糖** báitáng	바이탕
☑ 소금	**盐** yán	옌
☑ 식초	**醋** cù	추
☑ 조미료	**佐料** zuóliào	주오랴오
☑ 참깨	**芝麻** zhīma	쯔마
☑ 케첩	**蕃茄酱** fānqiéjiàng	판치에지앙
☑ 후추	**胡椒** hújiāo	후쟈오

(5) 과일

☑ 감	柿子 shìzi	스즈
☑ 과일	水果 shuǐguǒ	쉐이궈
☑ 귤	橘子 júzi	쥐즈
☑ 딸기	草梅 cǎoméi	차오메이
☑ 레몬	柠檬 níngméng	닝멍
☑ 바나나	香焦 xiāngjiāo	샹쟈오
☑ 밤	栗子 lìzi	리즈
☑ 배	梨 lí	리
☑ 복숭아	桃子 táozi	타오즈
☑ 사과	苹果 píngguǒ	핑궈
☑ 수박	西瓜 xīguā	씨과
☑ 파인애플	菠箩 bōluó	뽀루오
☑ 포도	葡萄 pútao	푸타오

(1) 신변잡화

☑ 가위 — 剪子 / 剪刀 jiǎnzi / jiǎndāo — 지엔즈 / 지엔따오

☑ 그림책 — 画报 huàbào — 화빠오

☑ 꽃병 — 花瓶 huāpíng — 화핑

☑ 끈 — 绳子 shéngzi — 셩즈

☑ 노트 — 笔记本 bǐjìběn — 삐찌번

☑ 달력 — 日历 rìlì — 르리

☑ 담배, 연기 — 烟 yān — 옌

☑ 도장 — 图章 túzhāng — 투장

☑ 드라이버 — 螺丝刀 luósīdāo — 루오쓰따오

☑ 때타올 — 脏毛巾 zāngmáojīn — 짱마오진

☑ 램프 — 煤气灯 méiqìdēng — 메이치덩

☑ 만년필 — 钢笔 gāngbǐ — 깡비

☑ 망치	**锤子** chuízi	췌이즈
☑ 메모판	**摘要板** zhāiyàobǎn	자이야오반
☑ 면도기	**刮胡刀** guāhúdāo	꽈후따오
☑ 면도날	**刮胡刀片** guāhú dāopiàn	꽈후 따오피엔
☑ 모사, 털실	**毛纱 / 毛线** máoshā / máoxiàn	마오샤 / 마오시엔
☑ 바늘	**针** zhēn	쩐
☑ 방석	**座垫** zuòdiàn	쭈오띠엔
☑ 베개	**枕头** zhěntóu	쩐토우
☑ 보자기	**包袱** bāofú	빠오푸
☑ 볼펜	**圆珠笔** yuánzhūbǐ	위엔쭈비
☑ 부채	**扇子** shànzi	샨즈
☑ 붓	**毛笔** máobǐ	마오비
☑ 비누	**肥皂** féizào	페이자오
☑ 빗	**梳子** shūzi	슈즈

☑ 사전	**词典** cídiǎn	츠디엔
☑ 상자, 박스	**箱子** xiāngzi	시앙즈
☑ 생리대	**月经带** yuèjīngdài	위에징따이
☑ 샤프펜	**自动铅笔** zìdòngqiānbǐ	쯔똥치엔삐
☑ 소지품	**随身用品** suíshēn yòngpǐn	쉐이션 용핀
☑ 손톱깎이	**指甲刀** zhǐjiǎdāo	즈자따오
☑ 솔	**刷子** shuāzi	슈아즈
☑ 스위치	**开关** kāiguān	카이꾸안
☑ 스카치 테이프	**透明胶带** tòumíng jiāodài	토우밍 쟈오따이
☑ 시계	**钟表** zhōngbiǎo	쫑뱌오
☑ 시집	**诗集** shījí	스지
☑ (침대)시트	**床席** chuángxí	추앙씨
☑ 실	**线** xiàn	시엔
☑ 쓰레기통	**垃圾桶** lājītǒng	라지통

☑	양산	**阳伞** yángsǎn	양산
☑	연필	**铅笔** qiānbǐ	치엔비
☑	열쇠고리	**钥匙链** yàoshi liàn	야오스 리엔
☑	우산	**雨伞** yǔsǎn	위싼
☑	유리	**玻璃** bōlí	뽀리
☑	이불 / 요	**被子 / 褥子** bèizi / rùzi	뻬이즈 / 루즈
☑	인형	**娃娃** wáwa	와와
☑	잉크	**墨水** mòshuǐ	모쉐이
☑	장난감	**玩具** wánjù	완쮜
☑	재떨이	**烟灰缸** yānhuīgāng	옌훼이깡
☑	저울	**称** chèng	청
☑	전구	**电灯泡** diàndēngpào	띠엔떵파오
☑	전등	**电灯** diàndēng	띠엔떵
☑	종이	**纸** zhǐ	즈

☑ 지우개	**橡皮** xiàngpí	시앙피
☑ 치약	**牙膏** yágāo	야까오
☑ 칫솔	**牙刷** yáshuā	야슈아
☑ 톱	**锯子** jùzi	쮜즈
☑ 판자	**木板** mùbǎn	무빤
☑ 풀	**糨糊** jiànghú	찌앙후
☑ 플러그	**插座** chāzuò	차쭈오
☑ 항아리	**缸** gāng	깡
☑ 화장품	**化妆品** huàzhuāngpǐn	화주앙핀
☑ 휴지(못 쓰는 종이)	**废纸** fèizhǐ	페이즈

(2) 가구

☑ 괘종시계	**挂钟 / 壁钟** guàzhōng / bìzhōng	꾸아쫑 / 삐쫑
☑ 서랍	**抽屉** chōutì	초우티
☑ 선반	**搁板** gēbǎn	꺼반
☑ 소파	**沙发** shāfā	샤파
☑ 식탁	**饭桌** fànzhuō	판쭈오
☑ 의자	**椅子** yǐzi	이즈
☑ 장롱	**衣柜 / 衣橱** yīguì / yīchú	이꿰이 / 이추
☑ 찬장	**碗柜 / 碗橱** wǎnguì / wǎnchú	완꿰이 / 완추
☑ 책꽂이	**书架** shūjià	슈쟈
☑ 책상	**书桌** shūzhuō	슈쭈오
☑ 책장	**书柜** shūguì	슈꿰이
☑ 침대	**床** chuáng	추앙
☑ 쿠션	**软垫** ruǎndiàn	루안띠엔

☑ 화장대	**梳妆台** shūzhuāngtái	슈주앙타이

(3) 전기 · 전자제품

☑ 가습기	**加湿器** jiāshīqì	쟈스치
☑ 건전지	**电池** diànchí	띠엔츠
☑ 건조기	**甩干机** shuǎigānjī	슈아이깐지
☑ 냉장고	**电冰箱** diànbīngxiāng	띠엔삥시앙
☑ 녹음기	**录音机** lùyīnjī	루인지
☑ 다리미	**电熨斗** diànyùndǒu	띠엔윈도우
☑ 라디오	**收音机** shōuyīnjī	쇼우인지
☑ 레이저 디스크	**光盘** guāngpán	꾸앙판
☑ 레인지	**微波炉** wēibōlú	웨이뽀루
☑ 무비카메라	**摄影机** shèyǐngjī	셔잉지
☑ 무선호출기	**传呼机** chuánhūjī	추안후지

☑ 믹서기	**搅拌机** jiǎobànjī	쟈오빤지
☑ 비디오	**录影带** lùyǐngdài	루잉따이
☑ 선풍기	**电风扇** diànfēngshàn	띠엔펑샨
☑ 세탁기	**洗衣机** xǐyījī	씨이지
☑ 스테레오	**立体声** lìtǐshēng	리티셩
☑ 스토브	**炉子** lúzi	루즈
☑ 스피커	**扩音机** kuòyīnjī	쿠오인지
☑ CD플레이어	**光碟机** guāngdiéjī	꾸앙디에지
☑ 에어컨	**空调 / 冷气机** kòngtiáo / lěngqìjī	콩탸오 / 렁치지
☑ 오디오	**音响** yīnxiǎng	인샹
☑ 워크맨	**微型录音机** wēixíng lùyīnjī	웨이씽 루인지
☑ 자동응답전화	**自动回答电话** zìdòng huīdá diànhuà	쯔둥 훼이다 띠엔화
☑ 자명종	**闹钟** nàozhōng	나오쫑
☑ 전기면도기	**电动刮胡刀** diàndòng guāhúdāo	띠엔뚱 꾸아후따오

☑ 전기밥솥	**电饭锅** diànfànguō	띠엔판꿔
☑ 전자계산기	**电子计算机** diànzi jìsuànjī	띠엔즈 찌쑤안지
☑ 청소기	**吸尘器** xīchénqì	씨천치
☑ 카메라	**照相机** zhàoxiāngjī	자오시앙지
☑ 컴팩트 디스크	**光碟** guāngdié	꾸앙디에
☑ 탁상시계	**座钟** zuòzhōng	쭈오쫑
☑ 텔레비전	**电视** diànshì	띠엔스
☑ 토스터	**烤面包机** kǎo miànbāojī	카오 미엔빠오지
☑ 팩스	**传真** chuánzhēn	추안쩐
☑ 퍼스널 컴퓨터	**个人电脑** gèrén diànnǎo	꺼런 띠엔나오
☑ 프린터	**印刷机** yìnshuājī	인슈아지
☑ 핸드폰	**手机** shǒujī	쇼우지
☑ 헤드폰	**头戴式耳机** tóudàishì ěrjī	토우따이스 얼지
☑ 헤어드라이어	**吹风机** chuīfēngjī	췌이펑지

⑷ 주방용품

☑ 국자, 주걱	**勺子** sháozi	샤오즈
☑ 깡통따개	**罐起子** guànqǐzi	꾸안치즈
☑ 남비	**平锅** píngguō	핑궈
☑ 도마	**菜板** càibǎn	차이반
☑ 밥공기	**饭碗** fànwǎn	판완
☑ 보온병	**保温瓶** bǎowēnpíng	바오원핑
☑ 부엌칼	**菜刀** càidāo	차이따오
☑ 소쿠리	**箩筐** luókuāng	루오쿠앙
☑ 솥	**锅** guō	꿔
☑ 숟가락	**饭勺** fànsháo	판샤오
☑ 식기	**碗碟** wǎndié	완띠에
☑ 쟁반	**托盘** tuōpán	투오판
☑ 접시	**碟子** diézi	디에즈

☑ 젓가락	**筷子** kuàizi	콰이즈
☑ 주전자	**水壶** shuǐhú	쉐이후
☑ 찻잔	**茶杯** chábēi	차뻬이
☑ 컵	**杯子** bēizi	뻬이즈
☑ 포크	**叉子** chāzi	차즈
☑ 프라이팬	**煎炒锅** jiānchǎoguō	지엔차오꿔

(5) 옷 · 소품

☑ 가방	**书包** shūbāo	슈빠오
☑ 구두	**皮鞋** píxié	피시에
☑ 구두끈	**皮鞋带** píxiédài	피시에따이
☑ 깃, 칼라	**领子 / 衣领** lǐngzi / yīlǐng	링즈 / 이링
☑ 넥타이	**领带** lǐngdài	링따이
☑ 렌즈	**镜片** jìngpiàn	찡피엔

☑ 립스틱	**口红 / 唇膏** kǒuhóng / chúngāo	코우홍 / 춘까오
☑ 모자	**帽子** màozi	마오즈
☑ 모피	**毛皮** máopí	마오피
☑ 목도리	**围巾** wéijīn	웨이찐
☑ 바지	**裤子** kùzi	쿠즈
☑ 반바지	**短裤** duǎnkù	두안쿠
☑ 반지	**戒指** jièzhǐ	지에즈
☑ 벨트	**腰带** yāodài	야오따이
☑ 복장	**服装** fúzhuāng	푸주앙
☑ 부인복	**妇女装** fùnǚzhuāng	푸뉘주앙
☑ 부츠	**靴子** xuēzi	쉬에즈
☑ 분	**粉** fěn	펀
☑ 블라우스	**女衬衣** nǚchènyī	뉘천이
☑ 비옷	**雨衣** yǔyī	위이

☑ 상의	**上衣** shàngyī	샹이
☑ 샌들	**凉鞋** liángxié	량시에
☑ 샤츠	**男衬衣** nánchènyī	난천이
☑ 선글라스	**太阳镜** tàiyángjìng	타이양징
☑ 소매	**袖子** xiùzi	시우즈
☑ 속옷, 내의	**内衣** nèiyī	네이이
☑ 손목시계	**手表** shǒubiǎo	쇼우뱌오
☑ 손수건	**手绢 / 手帕** shǒujuàn / shǒupà	쇼우쥐엔 / 쇼우파
☑ 수영복	**游泳衣** yóuyǒngyī	요우용이
☑ 슈터(정장)	**西装** xīzhuāng	씨주앙
☑ 스웨터	**毛衣** máoyī	마오이
☑ 스카프	**纱巾** shājīn	샤진
☑ 스커트	**裙子** qúnzi	췬즈
☑ 스타킹	**丝袜** sīwà	쓰와

☑ 슬리퍼	**拖鞋** tuōxié	투오시에
☑ 슬립	**衬裙** chènqún	천췬
☑ 신사복	**男式西装** nánshì xīzhuāng	난스 씨주앙
☑ 아동복	**儿童服** értóngfú	얼퉁푸
☑ 아이 라이너	**眼线笔** yǎnxiànbǐ	옌시엔비
☑ 아이 섀도	**眼影** yǎnyǐng	옌잉
☑ 액세서리	**首饰** shǒushì	쇼우스
☑ 양말	**袜子** wàzi	와즈
☑ 예복	**礼服** lǐfú	리푸
☑ 옷	**衣服** yīfú	이푸
☑ 와이셔츠	**白衬衣** báichènyī	바이천이
☑ 운동화	**运动鞋** yùndòngxié	윈둥시에
☑ 원피스	**连衣裙** liányīqún	리엔이췬
☑ 잠옷	**睡衣** shuìyī	쉐이이

☑ 장갑, 글로브	**手套** shǒutào	쇼우타오
☑ 쟈켓	**夹克** jiākè	쟈커
☑ 주머니	**口袋** kǒudài	코우따이
☑ 지갑	**钱包** qiánbāo	치엔빠오
☑ 진바지	**牛仔裤** niúzǎikù	니우자이쿠
☑ 커프스(소맷부리)	**袖口** xiùkǒu	시우코우
☑ 코트	**大衣** dàyī	따이
☑ 투피스	**套裙** tàoqún	타오췬
☑ 파자마	**睡衣裤** shuìyīkù	쉐이이쿠
☑ 평상복	**便服** biànfú	삐엔푸
☑ 핸드백	**手提包** shǒutíbāo	쇼우티빠오

☑ 남성용	男士用 nánshìyòng	난스용
☑ 당기다	拉 lā	라
☑ 밀다, 누르다	推 / 按 tuī / àn	퉤이 / 안
☑ 비어 있음	无人 wúrén	우런
☑ 사용중	在使用 zàishǐyòng	짜이스용
☑ 안내소	查询处 cháxúnchù	차쉰추
☑ 여성용	女性用 nǚxìngyòng	뉘씽용
☑ 입구	入口 rùkǒu	루코우
☑ 주차금지	禁止停车 jìnzhǐ tíngchē	찐즈 팅처
☑ 촬영금지	禁止摄影 jìnzhǐ shèyǐng	찐즈 셔잉
☑ 추월금지	禁止超车 jìnzhǐ chāochē	찐즈 차오처
☑ 출구	出口 chūkǒu	추코우
☑ 출입금지	禁止出入 jìnzhǐ chūrù	찐즈 추루

☑ 통행금지　　**禁止通行**　　찐즈 통씽
　　　　　　　jìnzhǐ tōngxíng

☑ 화장실　　　**洗手间 / 厕所**　　씨쇼우지엔 / 처쑤오
　　　　　　　xǐshǒujiān / cèsuǒ

☑ 그리스	**希腊** Xīlà	씨라
☑ 네덜란드	**荷兰** Hélán	허란
☑ 노르웨이	**挪威** Nuówēi	누오웨이
☑ 뉴질랜드	**新西兰** Xīnxīlán	씬씨란
☑ 대만	**台湾** Táiwān	타이완
☑ 독일	**德国** Déguó	더궈
☑ 러시아	**俄罗斯** Éluósī	어루오쓰
☑ 말레이시아	**马来西亚** Mǎláixīyà	마라이씨야
☑ 멕시코	**墨西哥** Mòxīgē	모씨꺼
☑ 미국	**美国** Měiguó	메이궈
☑ 베트남	**越南** Yuènán	위에난
☑ 벨기에	**比利时** Bǐlìshí	비리스
☑ 브라질	**巴西** Bāxī	빠시

☑ 사우디아라비아	**沙特阿拉伯** Shātè Ālabó	샤터 아라보
☑ 스웨덴	**瑞典** Ruìdiǎn	뤠이디엔
☑ 스위스	**瑞士** Ruìshì	뤠이스
☑ 스페인	**西班牙** Xībānyá	씨반야
☑ 싱가포르	**新加坡** Xīnjiāpō	씬쟈포
☑ 아르헨티나	**阿根廷** Āgēntíng	아껀팅
☑ 아시아	**亚洲** Yàzhōu	야조우
☑ 아일랜드	**冰岛** Bīngdǎo	삥다오
☑ 아프리카	**非洲** Fēizhōu	페이조우
☑ 영국	**英国** Yīngguó	잉궈
☑ 오스트레일리아	**澳大利亚** Àodàlìyà	아오따리야
☑ 유럽	**欧洲** Ōuzhōu	오우조우
☑ 이라크	**伊拉克** Yīlākè	이라커
☑ 이란	**伊朗** Yīlǎng	이랑

☑ 이집트	**埃及** Āijí	아이지
☑ 이탈리아	**意大利** Yìdàlì	이따리
☑ 인도	**印度** Yìndù	인뚜
☑ 인도네시아	**印度尼西亚** Yìndùníxīyà	인뚜니씨야
☑ 일본	**日本** Rìběn	르번
☑ 중국	**中国** Zhōngguó	쭝궈
☑ 칠레	**智利** Zhìlì	쯔리
☑ 캐나다	**加拿大** Jiānádà	지아나다
☑ 태국	**泰国** Tàiguó	타이궈
☑ 터키	**土耳其** Tǔ'ěrqí	투얼치
☑ 포르투갈	**葡萄牙** Pútáoyá	푸타오야
☑ 프랑스	**法国** Fǎguó	파궈
☑ 필리핀	**菲律宾** Fēilǜbīn	페이뤼빈
☑ 한국	**韩国** Hánguó	한궈

제 5 부

문장표현과 기타 어휘

1. 자주 쓰이는 접속사, 부사
2. 기본적인 문장 표현

☑	가능한 한	尽可能~ jìn kěnéng~	찐 커넝~
☑	가장	最 zuì	쭈에이
☑	거의	差不多 chà bu duō	차 부 뚜오
☑	게다가	而且 érqiě	얼치에
☑	겨우	才 cái	차이
☑	겨우, 단지	只是 zhǐshì	즈스
☑	공교롭게도	碰巧 pèngqiǎo	펑치아오
☑	과연, 역시	果然 guǒrán	꿔란
☑	그 다음에, 그리고 또	然后 / 还有 ránhòu / háiyǒu	란호우 / 하이요우
☑	그다지(부정형 수반)	并不 / 不太 bìng bù / bú tài	삥 뿌 / 부 타이
☑	그래서	所以 suǒyǐ	쑤오이
☑	그러나	但是 / 可是 dànshì / kěshì	딴스 / 커스
☑	그런데	不过 búguò	부꿔

☑ 그럼	那么	nàme	나머
☑ 그렇다 치면	就算是那样	jiù suàn shì nàyàng	찌우 쑤안 스 나양
☑ 그렇지만	可是 / 不过	kěshì / búguò	커스 / 부꿔
☑ 그렇지 않으면	要不	yàobù	야오뿌
☑ 기어코	一定 / 必须	yídìng / bìxū	이딩 / 삐쉬
☑ 꼭	一定	yídìng	이딩
☑ 꽤	很	hěn	헌
☑ 끈적끈적	黏糊糊的	nián húhú de	니엔 후후 더
☑ 늦어도	最晚	zuì wǎn	쭈에이 완
☑ 다시, 재차	再一次	zài yícì	짜이 이츠
☑ 다음에, 그리고 나서	之后	zhīhòu	쯔호우
☑ 다행히	幸亏	xìngkuī	씽퀘이
☑ 대개, 대략	大概	dàgài	따까이
☑ 대부분	大部分 / 多半	dàbùfēn / duōbàn	따뿌펀 / 뚜오빤

☑ 더	再 / 还 / 更 zài / hái / gèng	짜이 / 하이 / 껑
☑ 더욱, 한층	更 / 还 gèng / hái	껑 / 하이
☑ 덕분에	多亏 duōkuī	뚜오퀘이
☑ 도리어	反而 / 却 fǎn'ér / què	판얼 / 취에
☑ 도저히	实在 shízài	스자이
☑ 도중	半途 bàntú	빤투
☑ 될 수 있는 한	尽量 jìnliàng	찐량
☑ 드디어, 결국	终于 zhōngyú	쫑위
☑ 따라서	因此 yīncǐ	인츠
☑ 똑바로	正确地 zhèngquè de	쩡취에 더
☑ 마치	好像 / 似乎 hǎoxiàng / sìhū	하오샹 / 쓰후
☑ 많이	多多地 duōduō de	뚜오뚜오 더
☑ 머지않아, 이윽고	将要 jiāngyào	지앙야오
☑ ~면서	一边~一边 yìbiān ~ yìbiān	이비엔 ~이비엔

☑ 모두, 모조리	**都** dōu	또우
☑ 모든	**所有的** suǒyǒu de	쑤오요우 더
☑ 모처럼	**难得** nán de	난 더
☑ 몹시, 대단히	**十分** shífēn	스펀
☑ 몽땅, 홀딱	**全部** quánbù	취엔뿌
☑ 무럭무럭	**茁壮的** zhuózhuàng de	주오주앙 더
☑ 물론	**当然** dāngrán	땅란
☑ 미리, 사전에	**事先** shìxiān	스시엔
☑ 반드시 ~인 것은 아니다	**不一定** bù yǐdìng	뿌 이딩
☑ 벌써, 이미	**早就 / 已经** zǎojiù / yǐjīng	자오지우 / 이징
☑ 별로	**不怎么** bùzěnme	뿌전머
☑ 보자마자	**一见面** yí jiànmiàn	이 지엔미엔
☑ 분명히	**肯定** kěndìng	컨띵

□	빈틈없이, 착실하게	认真的 rènzhēn de	런쩐 더
□	살그머니, 가만히, 몰래	轻轻地 / 悄悄地 qīngqīng de / qiǎoqiǎo de	칭칭 더 / 치아오치아오 더
□	상당히	相当地 xiāngdāng de	시앙땅 더
□	생각보다도	比预想的 bǐ yùxiǎng de	비 위샹 더
□	서로	互相 hùxiāng	후시앙
□	설마	即使 jíshǐ	지스
□	슬슬	渐渐地 jiànjiàn de	지엔지엔 더
□	실로, 정말로	实际上 shíjì shang	스찌 샹
□	쏙 빼닮은	长的一模一样的 zhǎng de yímò yíyàng de	장 더 이모 이양 더
□	아마	可能 kěnéng	커넝
□	아무쪼록, 제발	千万 qiānwàn	치엔완
□	약속대로	按照约定 ànzhào yuēdìng	안자오 위에딩
□	어떻게 하면	怎么样做 zěnmeyàng zuò	쩐머양 쭈오

☑ 어쩌면	也许 yěxǔ	예쉬
☑ 어쩐지	难怪 nánguài	난과이
☑ 어찌 되었든	不管怎么样 bùguǎn zěnmeyàng	뿌관 쩐머양
☑ 억지로	勉强 miǎnqiáng	미엔치앙
☑ 얼마만큼, 얼마나	什么程度 shénme chéngdù	션머 청뚜
☑ 엉망진창	乱七八糟 luàn qībāzāo	롼 치빠자오
☑ 여러가지로	多方面的 duōfàngmiàn de	뚜오팡미엔 더
☑ 여전히	依然 / 仍然 / 还是 yīrán / réngrán / háishì	이란 / 렁란 / 하이스
☑ 역시	也是 yěshì	예스
☑ 열심히	尽全力 jìn quánlì	찐 취엔리
☑ 예를 들면	比如说 bǐrúshuō	비루슈오
☑ 왜	为什么 / 怎么 wèi shénme / zěnme	웨이 션머 / 쩐머
☑ 왜냐하면	因为 yīnwèi	인웨이
☑ 우선	首先 shǒuxiān	쇼우시엔

☑ 원래	本来	běnlái	뻔라이
☑ 이것뿐	只是这个	zhǐshì zhège	즈스 쩌거
☑ 이대로	照此	zhàocǐ	짜오츠
☑ 이윽고	过了一会儿	guò le yí huìr	궈 러 이 훨
☑ 이제와서	出耳反耳	chū ěr fǎn ěr	추 얼 판 얼
☑ 일부러	故意 / 特意	gùyì / tèyì	꾸이 / 터이
☑ 일순간	一瞬间	yí shùnjiān	이 쉰지엔
☑ 저절로	自动地	zìdòng de	쯔똥 더
☑ 적어도	至少	zhìshǎo	쯔샤오
☑ 전혀, 전연	根本 / 全然	gēnběn / quánrán	껀번 / 취엔란
☑ 절대로	绝对	juéduì	쥐에뛔이
☑ 점점, 더욱더	越来越	yuè lái yuè	위에 라이 위에
☑ 정말로	真的	zhēn de	쩐 더
☑ 정확히	准确地	zhǔnquè de	준취에 더

□ 조금	一点 yìdiǎn	이디엔
□ 조금도	丝毫 sīháo	쓰하오
□ 좀더	再 zài	짜이
□ 주로, 대부분	主要是 zhǔyào shì	주야오 스
□ 주위에 아랑곳 않고	不管他人怎么看 bùguǎn tārén zěnme kàn	뿌관 타런 쩐머 칸
□ ~중	在~ zài~	짜이~
□ 직접	直接 zhíjiē	즈지에
□ 진정으로, 진심으로	真心地 zhēnxīn de	쩐씬 더
□ 천천히	慢慢地 mànmàn de	만만 더
□ 특히	特别是 tèbié shì	터비에 스
□ 튼실한 모양	结实的样子 jiéshí de yàngzi	지스 더 양즈
□ 하여간, 어찌 되었든	无论如何 wúlùn rúhé	우룬 루허
□ 한가운데	正中 zhèng zhōng	쩡 쫑
□ 한꺼번에	一下子 yíxiàzi	이샤즈

☑ 한층, 더욱더	**更加** zàijiā	짜이쟈
☑ 함께, 같이	**一同 / 一起** yìtóng / yìqǐ	이통 / 이치
☑ 혹시	**或许** huòxǔ	후오쉬
☑ 혹은	**或者** huòzhě	후오저
☑ 혼자서	**独自 / 一个人** dúzī / yíge rén	두쯔 / 이거 런
☑ 확고히, 견고하게	**坚定地** jiāndìng de	지엔띵 더
☑ 확실히	**确实 / 的确** quèshí / díquè	취에스 / 디취에
☑ 힘껏, 열심히	**尽力** jìnlì	찐리

☑ 음, 예	是 shì	스
☑ 응, 좋아(승낙, 긍정)	好 hǎo	하오
☑ 자아 / 어서	好 / 赶快 hǎo / gǎnkuài	하오 / 간콰이
☑ 어머나(여성어)	哎呀 āiyā	아이야
☑ 그러면	那 / 那么 nà / nàme	나 / 나머
☑ 싫어, 아냐	不 bù	뿌
☑ 그것 다행이군요.	可真侥幸啊! Kě zhēn jiǎoxìng a!	커 쩐 쟈오씽 아
☑ 그래요, 맞습니다	对 duì	뛔이
☑ (~해도) 괜찮습니까?	可以吗? Kěyǐ ma?	커이 마
☑ 그것이 좋겠지요?	那可以吧? Nà kěyǐ ba?	나 커이 바
☑ 꽤 비싸군요.	很贵呀。 Hěn guì ya.	헌 꿰이 야
☑ 나갑시다.	出去吧。 Chūqù ba.	추취 바
☑ 끝났습니다.	结束了。 Jiéshù le.	지에슈 러

☑ 먼저(하세요).
您先做吧。
Nín xiān zuò ba.
닌 시엔 쭈오 바

☑ 보고 싶습니다.
我想您。
Wǒ xiǎng nín.
워 샹 닌

☑ 보십시오.
看看吧。
Kànkan ba.
칸칸 바

☑ 알려 주세요.
告诉我吧。
Gàosu wǒ ba.
까오수 워 바

☑ 없습니까?
不在吗?
Bú zài ma?
부 짜이 마

☑ 여기서 기다릴게요.
我在这里等您。
Wǒ zài zhèli děng nín.
워 짜이 쩌리 덩 닌

☑ 여깁니다.
是这里。
Shì zhèli.
스 쩌리

☑ 기다리고 있어.
等着呢。
Děngzhe ne.
덩저 너

☑ 아무것도 아냐.
没什么。
Méi shénme.
메이 션머

☑ 이제 다 끝나셨어요?
都结束了吗?
Dōu jiéshù le ma?
또우 지에슈 러 마

☑ 있는데 없다고 합니다.
有, 说没有。
Yǒu, shuō méiyǒu.
요우 슈오 메이요우

☑ 있습니까?
有吗?
Yǒu ma?
요우 마

☑ 있습니다.
有。
Yǒu.
요우

☑ 잘 되겠지요.
会好的。
Huì hǎo de.
훼이 하오 더

▨ 잘 되지 않는다　　不太顺利　　부 타이 쉰리
bú tài shùnlì

▨ 잘 들어주세요.　　请听好。　　칭 팅 하오
Qǐng tīng hǎo.

▨ 충분합니다.　　足够了。　　주꼬우 러
Zúgòu le.

▨ 하고 있는 중입니다.　　在做着呢。　　짜이 쭈오저 너
Zài zuòzhe ne.

▨ (시험) 해 보다　　试试看　　스스 칸
shìshi kàn

▨ 파이팅!, 힘내야지!　　加油！　　쟈 요우
Jiā yóu!

▨ 방심하지 마.　　不要大意了。　　부야오 따이 러
Búyào dàyì le.

▨ 같이 갈까요?　　一起走, 好吗?　　이치 조우, 하오 마
Yìqǐ zǒu, hǎo ma?

▨ 거의 다 되었습니다.　　快好了。　　콰이 하오 러
Kuài hǎo le.

▨ 그것은 그렇다치고.　　那个暂且如此。　　나거 짠치에 루츠
Nàge zànqiě rúcǐ.

▨ 그냥 물어본 것입니다.　　只是问一问。　　즈스 원 이 원
Zhǐshì wèn yi wèn.

▨ 어떻습니까?　　怎么样?　　쩐머양
Zěnmeyàng?

▨ 그게 무슨 말입니까?　　你说什么?　　니 슈오 션머
Nǐ shuō shénme?

▨ 몇 살이십니까?　　你多大了?　　니 뚜오따 러
Nǐ duōdà le?

분야별 중국어 단어

초판 인쇄   2004년 10월 10일
초판 발행   2004년 10월 15일

편 자   편집부
감수자   허   경
발행인   박해성
발행처   정진출판사

등록일자   1989. 12. 20   등록번호 6-95호
주소   136-152 서울시 성북구 석관2동 341-48
대표전화   02) 969-8561   팩스 02) 969-8592
ISBN   89-5700-022-4
        89-5700-023-2(테이프 포함)
홈페이지   www.jeongjinpub.co.kr

• 허가없이 무단으로 표절하거나 전재함을 엄금합니다.
• 정가는 책 표지에 표시되어 있습니다.